北原保雄トークアンソロジー

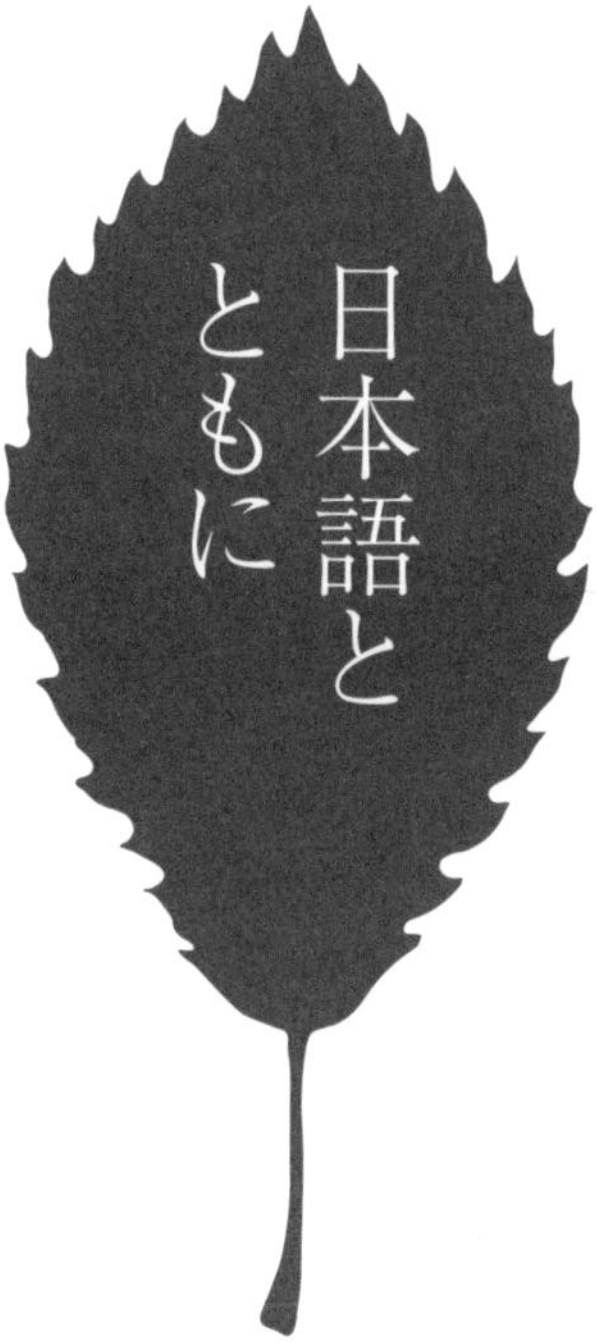

日本語とともに

北原保雄

勉誠出版

Ⅰ　美しい日本語

日本語の魅力

日本語にはことわざ成句が多い。どの言語にもことわざ成句の類はたくさんあるのだろうが、比較の問題ではない。日本語にはいろいろな場面に的確にさらに効果的に対応する素敵な表現がたくさんある。

うら若い女性の美しさを「花も恥じらう」という。「水も滴《したた》る」はもう少し年増に対してになるが、これは男性についてもいう。「花」に関しては、「女やもめに花が咲く」ということわざもあるが、その前に「男やもめに蛆《うじ》が湧き」という句があるのを忘れている人が多い。「高嶺《たかね》の花」を「高値の花」と誤る人も多い。

最近、ことわざ成句を誤って使っている例がとても多い。「枯れ木も山の賑わい」を「枯れ木に花の賑わい」に誤る。また尊敬すべき長老に対して使ったりする。誤用例は、「目鼻が利く（正しくは「目端」）」「怒り心頭に達する（発する）」「頭を突っ込む（首）」「毒を盛って毒を制す（以て）」など枚挙に暇がない。先般『明鏡ことわざ成句使い方辞典』（大修館書店刊）を編んだ際に、巷間誤って使われている例のあまりに多いことを痛感して、各項目に《誤用》という欄を設け、巻末に《誤用索引》を備えた。辞典たるもの、正しい意味や使い方を解説するのが第一だが、それだけでなく誤用についても、どこがどう違うのか、どうして誤用が生じたのか、その誤用がどの程度まで一般化しているか、などについても言及すべきだというのが、私の辞書作りの基本的な考え方だが、それにしても誤用が多すぎる。

それはともかく、ことわざ成句は、泡沫《うたかた》のごとくかつ生れかつ消え失せた多くの言葉の中で生き残った、珠玉のような名言名句だ。この言葉の文化遺産が日本語を厚く奥深く豊かなものにしている。ことわざ成句の多いことは、日本語の大きな魅力の一つだ。古き良き言葉は大切に守らなければならない。

日本には詩歌の長い伝統がある。記紀万葉の頃から現代に至るまで、詩歌は歌い継がれてきた。和歌は平安貴族のものと思われがちだが、庶民にも愛されていたし、連歌・俳諧に至っては完全に庶民のもので、その裾野は広かった。そして、和歌（短歌）、俳諧（俳句）を詠み、鑑賞することを通して、言葉は磨かれ、洗練され、継承されてきた。言葉だけではない。言葉で表現する内容、つまり、ものの見方、捉え方、考え方も洗練されてきた。

たとえば、一〇世紀の初めに成立した『古今和歌集』は全二〇巻から構成されているが、そこにはしっかりとした部立てがある。恋の部は五巻からなるが、「恋歌一」は

ほととぎす鳴くや五月のあやめ草あやめも知らぬ恋もするかな

という歌で始まる、逢う前の恋の巻だ。そして、「恋歌五」は、

流れては妹背の山の中に落つる吉野の河のよしや世の中

という歌で終わり、恋の終わり、諦めの歌の巻になっている。恋一から恋五まで、恋の進展に従って整然と分類されている。こういう恋の展開は、現実の世界でも、比較的最近まで継承されてきたが、出会ったその日に結ばれ、簡単に別れてしまうような、恋の過程を欠いた現代の若者には細やかに順序立てて並べられた恋歌の内容や言葉は無縁のものになっているのかもしれない。

季節の歌はもっと分かりやすい。季節の歌の部立ては春夏秋冬になっており、春と秋はそれぞれ上下二巻ずつ。夏は暑すぎ、冬は寒すぎて、良い歌が少ないのだろう、それぞれ一巻ずつだ。「春歌上」の最初の歌は

年の内に春は来にけり一歳《ひととせ》を去年《こぞ》とや言はん今年とや言はむ

で、春立つ日の歌から始まるが、まずは雪、春霞から、梅が咲き、ついで桜が咲く。梅には鶯が来て鳴く。そして、三月が終わり四月（卯月《うづき》）になると、卯の花が咲き、花橘にほととぎすが来て鳴く。四月になっても鳴いている鶯は「老い声」で鳴くものとされる。季節の移り変りを明確に捉えて詠み、それを整然と分類しているのだ。このように季節を風物によって区別する捉え方が時代を経て

洗練され、やがて俳諧における季語になる。

季節感もその一つだが、ものに対する感じ方、捉え方が繊細であれば、それに対応して、言葉も細やかに豊かになる。「ほのか」「さわやか」「奥ゆかし」など微妙な感覚を表す言葉は繊細な感じ方の中から生れる。古今集に

秋来ぬと目にはさやかに見えねども風の音にぞ驚かれぬる

という歌がある。目にははっきりと見えないが、かすかな風の音で秋の訪れに気づいたというのだ。「さやかに」と「驚かる」がすばらしい。この繊細な感じ方は自然との関係が薄くなった現在では難しくなっている。

「あお雲」「よこ雲」「うろこ雲」「いわし雲」「とよはた雲」など雲の名前や、「ふじ色」「あい色」「あずき色」「だいだい色」「うぐいす色」「はなだ色」「ひわだ色」「あかね色」「なまり色」など色の名前も同様だ。自然と深く接し物をしっかり見つめる確かな目がこういう言葉を生んできた。挙げればきりがないが、こういう言葉が忘れられていくのも忍びがたい。

日本語をその出自から、「和語」（大和言葉）、「漢語」、「洋語」（外来語）に分けてみたときに、和語には優雅さ・古さ、漢語には簡潔さ・固さ、洋語には新鮮さ・分かりにくさなどの長所短所がある。

たとえば、和語「あゆむ」は優雅な響きをもつ。しかし、古い。「あるく」は日常的で新鮮な感

じに乏しい。それに対して、漢語「歩行」「散歩」などは簡潔でひきしまった語感をもつ。人名でも藤原定家を「さだいえ」と訓でよむのと(和語)、「ていか」と音で読むのと(漢語)では、感じが全然違う。ちなみに、名前の場合は「さだいえ」が正しいようだが、書の流派をいう「定家流」などは「ていかりゅう」と音で読む。

洋語でも、「カルタ」「ガラス」「タバコ」などのように古く入ってきたものには、新鮮さやスマートさが感じられないが、「あゆむ」「歩行」を「ウォーキング」と言い換えると、指す内容はまったく変わらないのに、感じは一変してしまう。ただし、洋語は新入の語だから、意味が分かりにくい。そういう特徴を知った上で使い分ける必要はあるが、同じものを「やどや」「はたご」、「旅館」「旅宿」、「ホテル」、あるいは「髪結い」、「美容院」、「ヘアサロン」などのように三通りに言うことができ(すべての言葉に三種が揃っているわけではないが)、それが日本語を厚みのあるものにしている。

その一部についてしか述べることができなかったが、日本語の魅力は尽きない。

言葉の素晴らしさ

言葉の力

言葉には素晴らしい力がある。その力を理解してそれを生かせば、言葉の素晴らしさが発揮される。言葉の素晴らしさを引き出すのは人間である。

「百聞は一見にしかず」という言葉がある。確かにどんなに詳しく説明されても、写真や映像を一目見たのにかなわない。ややこしい話も図解されれば一目瞭然、ということもある。しかし、小説が映画化されたものには、原作の歴史的説明、登場人物の心理描写、心象風景など、つまり地の文による説明が欠けてしまう。テレビドラマを見ていると、いつもそのことを痛感させられる。小説を読んでいて、地の文の素晴らしさに感動することがある。その場面の描写だけではない。話の展開の巧みさにも感銘を受ける。それはすべて言葉の力によるものだ。もちろん、作家の言葉の力、表現能力によるのだが、それも言葉そのものに表現する力があるからだ。

「名状しがたい」とか「筆舌につくしがたい」という言葉がある。ともに、言葉では十分に表現することができないという意味だが、これも言葉そのものの持つ表現の力が不十分だということではなく、表現する人の能力が足りないことを言っているのだ。言葉のせいにしてはいけない。言葉の持つ力は無限に近い。それを引き出すことができれば、言葉の素晴らしさも際限なく発揮されるのだ。

俳句の言葉

俳句は、五・七・五の一七音だけで、長い文章でも表現し尽くせないような内容を包含する。たとえば、芭蕉の、

荒海や　佐渡に横たふ　天の川

という句。「や」は切れ字で、この句は「荒海や」と「佐渡に横たふ天の川」の二つに分かれる。つまり二句一章の構成である。最初に「荒海」をイメージする。出雲崎海岸を知っている人、知らない人、その海岸に立ったことのある人、ない人、それぞれにイメージするものは異なるだろう。海はどんな荒れ具合か。海の遠くは見えるか。海岸はどんな様子か。次に「佐渡に横たふ天の川」をイメージする。佐渡は見えるか。天の川はどんな状態か。一片の雲が浮かんでいるか。

そして、この二句（＝初句と二句三句）を結びつけて一章（＝俳句）をイメージする。二句それぞれにイメージしたことが連合され融合されて、より豊かなイメージに膨らむ。作者はどんな場所に立っ

ているのか。どんな心境で立っているのか。風は吹いているか。涼しいか。海の香はしているか。荒海の反対側の陸はどんなになっているか。イメージは無限に広がる。イメージだから無限に広げることができる。

ややありて　流れはじめし　雛《ひいな》かな

これは黛まどかさんの句（『忘れ貝』所収）だが、初句「ややありて」が何ともいえず素晴らしい。誰もが見て感じている情景であり、時間の経過である。しかし、なかなかそれを的確に表現する言葉が見つからない。まさに名状しがたい。言葉にされると、そうだ、それだ、と思う。しかし、それができない。

黛さんと対談したとき、流し雛のなかなか流れに乗らない様子をうまく表していますねえ、と感想を述べたら、ご本人も、実際に雛流しを見て、時間をかけて作ったのですと述懐しておられた。素晴らしい言葉はプロでも簡単に引き出せないもののようだ。俳句には「苦吟」という言葉もある。俳句のように、少ない言葉による表現は、無駄な言葉や冗長な表現を避け、最適な言葉を最適な位置に配置しなければならない。そうすることによって、言葉の素晴らしさが最大限に発揮されることになるのだ。

短歌の言葉

短歌も短い表現なので、無駄な言葉や冗長な表現は許されない。そして磨き抜かれた結果、言葉のすばらしさが発揮される。

不来方《こずかた》のお城の草に寝ころびて空に吸はれし十五の心

国語の教科書にも載っている石川啄木の歌だが、不来方城は啄木の育った盛岡市にある盛岡城のこと。地域の人はその城跡を「お城」と呼ぶ。音数のこともあるだろうが、一五歳の少年には「城」ではなく「お城」でなければならない。「空に吸はれし心」という捉え方も余人の真似を許さない。空に一五歳の心が吸い込まれるという表現、言葉の素晴らしさを玩味すべきである。

城が盛岡城であるのは必然だが、名前の「来ず方」は、もう来ない過去の意に通じ、一五歳のころを想う内容にぴったりはまる。城跡の草の上に寝ころんで空を見上げていると、その真っ青な空の中に一五歳の心が吸い込まれていった、そういう昔があった、というのだ。草は緑色の夏草だったか、秋の枯草だったか。一五歳には前者がふさわしい。空は曇空か、晴天か。一五歳にはやはり後者がふさわしい。寝ころんでいるのは自分一人でだろう。そんな解釈の幅を持ちながら、「お城」であり、「草に」「寝ころび」であり、「空に吸はれし心」でなければならないのだ。

言葉の素晴らしさを味わうことのできる名歌はたくさんあるが、以下に三首だけを取り上げる。

くれなゐの二尺伸びたる薔薇の芽の針やはらかに春雨の降る

言うまでもなく正岡子規の歌だが、まさに春雨の降るごとく、さらりと歌い流されている。「針やはらかに春雨の降る」の部分が特に素晴らしい。「ハリやわらかにハルさめのフる」と頭韻を踏んでいるのもいい。今は四季咲などといって年中花が咲いているが、バラの新芽はやはり春雨の中に伸びるのがふさわしい。私も庭にいろいろなバラを植えて楽しんでいるが、新芽を見るといつもこの歌を思い出す。

死に近き母に添寝のしんしんと遠田のかはづ天に聞ゆる

斎藤茂吉の歌だが、この歌には強烈な思い出がある。次男が交通事故に遭い、手術が深夜に及んだときのことだ。誰もいなくなった暗い待合室に、蛙の声だけがやかましく聞こえてくる。夜はしんしんと更け行き、院内は静まり返っていた。待つ時間は、実際の時間以上に長かった。このときにしきりに頭に浮かんできたのがこの歌、特に「遠田のかはづ」と「しんしん」の言葉だった。歌、言葉にはそういう力がある。古く、古今和歌集（九〇五成立）の仮名序にも、

力をも入れずして、天地《あめつち》を動かし、目に見えぬ鬼神をもあはれと思はせ、男女のなかをも和らげ、猛き武士《もののふ》の心をも慰むるは、歌なり。

と述べられている。

馬追虫《うまおひ》の髭もそよろに来る秋はまなこを閉ぢて想ひ見るべし

長塚節のこの歌は、「馬追虫の髭もそよろに来る」の見立てが素晴らしい。観察が繊細である。古今和歌集・秋歌上の藤原敏行朝臣の歌、

秋来ぬと目にはさやかに見えねども風の音にぞ驚かれぬる

は、風の音ではっと気づいたという聴覚上の見立てだが、節の歌は、秋の虫の細く長い髭のゆれに注目し、繊細に具体化している。「そよろ」は視覚的に捉えた擬態語のようでもあるが、「まなこを閉ぢて想ひ見るべし」とあるところからすると、聴覚的に捉えた擬音語のようでもある。そのあたりが何とも絶妙である。

詩の言葉

夕方　一本道を
遠くまで帰っていく友だちを見送りながら　娘が
「あっ　きょうこちゃん
もう手のひらにのるわ」
と手のひらを上に向けるので
その手のひらの高さに目を添わせてみると
小さくなったきょうこちゃんが
手のひらの先をどんどん歩いていった

これは山本純子さんの「道」という詩（『豊穣の女神の息子』所収）だが、手のひらの上に人やビルや山までが乗ってしまうことには気づかなかった。山本さんには、

浮き輪から　大山《だいせん》を見る　足指も

という句（『カヌー干す』所収）もあるから当たり前のことなのかもしれない。

それはともかく、この八行はどうして詩になっているのだろう。まず、現実からの切り取りが面白い。山本さん親子では何でもないことなのかもしれないが、人が手のひらに乗るというのは、誰もが確かめてみたくなるようなことであり、驚きがある。詩になる内容がある。しかし、それを表現するだけなら散文でもいい。事実、この詩も、まったく文言を変えずに、行を続け句読点を入れると、普通の散文になってしまう。

改行に工夫があるのだ。詩はまさに形である。自由詩でさえ形がある。つまり、改行することによってリズムを与え、行間に余情を持たせる。こうして、素晴らしい詩に転化させているのだ。ここに詩と散文との違い、散文から詩への転化を観察することができる。

最後の行、「手のひらの先をどんどん歩いていった」がいい。手のひらの上に乗ったきょうこちゃんは、切り取られた絵だが、それが、最後の行で、だんだん小さくなっていく動く映像に変っている。

終りに

俳句、短歌、詩などの短詩形作品は、言葉の一つ一つが磨き抜かれた言語芸術だが、小説、物語などの散文作品にも素晴らしい表現はたくさんある。それだけでなく、研究論文や報告書の中にも素晴らしい表現は数多くある。芸術的な文章の中にも、実用的な文章の中にも素晴らしい言葉はあふれている。過日訪れた鹿児島県南九州市の知覧では若き特攻兵の遺書に涙が止まらなかった。かつて死刑囚島秋人の歌集『遺愛集』を読んだときには深く心を打たれた。極限の状況からは胸を打つ素晴らしい言葉が生まれる。箴言、格言、成句、名句、故事熟語、ことわざ、などは長い年月を生き延びてきた素晴らしい言葉である。言葉の素晴らしさは言葉の中にあるが、それを見える形にするのは人間である。

《対談》美しい日本語を育み伝える——黛まどか×北原保雄

物を見る目と心

黛　「忘れ貝」ということばがあります。二枚貝の離れ離れになった一片のことなのですが、昔の人はそれを拾うと苦しい恋を忘れられると信じていました。万葉集にも忘れ貝を詠んだ歌が出てきます。浜辺で「あさりだ」「蛤だ」と言って拾うより「忘れ貝だな」と思って拾う方がそこにストーリーができてきますよね。旅の形見に渚で拾う忘れ貝。時空を超えて万葉人とも繋がる、そういう楽しさがあります。知らなければただの貝殻にすぎないのですが。

北原　ことばでどう表すかということ以前に、物を見る目と心が繊細であるとことばも磨かれてきます。黛さんの、

　ややありて流れはじめし雛《ひいな》かな

という句、とても好きなんですが、「ややありて」が流し雛のなかなか流れに乗らない様子をうまく表している。それに気づかない心だとこういう句はできませんね。的確に見て、そ

の次に当てはまることばが出てくる。ことばを知らなければ出てこないですから。「少しして」では詩にはならない。

黛　実際に雛流しを見て、時間をかけて作った句なのでお目にとまってうれしいです。

北原　笹舟なんかも流れにすぐに乗らなくて回ったりしますね。流れに乗ると、すーっと行ってしまうけれど。実際の情景がしっかりと押さえられていて素晴らしい。確かな目があって。でも確かな目を作るためにはことばが必要です。人間はことばで物を分けていきますから。赤と白だけでなく、ピンクという中間の色を知っていて初めてピンクということばが使えるわけです。ことばが概念を分け、概念が整理されることでことばが豊かになっていきます。

黛　ことばが増えてくると見えるものが増えてきますね。俳句を始めてよかったのは、様々な風や雨の名前を知ったことです。「虎の雨」ということばがあります。陰暦五月二八日、曽我の十郎の命日ですが、その日に雨が降ると、十郎の恋人だった大磯の遊女、虎御前の涙雨になぞらえて「虎の雨」と呼ぶのです。そのことばを知っていると雨の向こう側に時を隔てて情感がよみがえってきます。見えるものが増えると感性が刺激されて感性が豊かになる。そしてその感性がまた美しいことばを紡がせる。感性と語彙は車の両輪ですね。

北原　日本語には雨を表すことばがいくつもありますね。小糠《こぬか》雨、小雨、俄《にわか》雨、霧雨、春雨もあれば秋雨、氷雨もある。また、五月雨《さみだれ》、夕立、時雨《しぐれ》なんてのもある。繊細に、ことばで自然現象を分けているのです。

黛　季節の移ろいに心を寄せて、暮らす中でことばが生まれてきたからです。季語にはその背景にある風土や情趣、涙や喜び、思想までもが集積されているのです。それらのことばを私たちの時代で絶えさせてはいけない、バトンを渡していかなくてはと思います。

流行語との接し方

黛　日常の中で美しいことばを使うような場面が減っていますね。例えば七夕におばあちゃんと一緒に孫が短冊を書くような伝承の場が無くなっています。

北原　地域のつながりが失われて、隣のおじいちゃんおばあちゃんもいなくなってしまった。両親も共働きで、子供が家に帰っても誰もいない。どうするかというと、学校の同級生で仲のいい四、五人と、家に帰ってきてからも携帯やメールで付き合っている。非常に狭い社会です。そういう状況の中で仲間内にしか通じない隠語を使うことになる。今の子供たちは「ことばいじり」が好きです。空気(その場の雰囲気)が読めないことを「KY」とか女子高生のことを「JK」とか。小さいコミュニケーションの世界にだけ通用して他の人が聞いてもわからないようなことばを使う。一方で、こういう特殊なことばがインターネットのサイトなどで急激に広がることもあります。狭いのか広いのかわからない。ことばが急激、かつ大量に変わってしまうのは不自然です。それがしかも人為的、作為的に変わっていく。これが日本語が乱れているると感じられる、困った現象です。

黛　一種の流行語なのでしょうけれど、自分たちだけで楽しんでいますね。流行語はいつの時代にもありますが、本来の使い方を知っていて、さらに流行語も使えるという幅が大事なような気がします。「それしか知らない」というのは貧しいですね。

北原　黛さんが俳句で使うような最高級の美しいことばの次に、一般の人々が使う正しいことばがなくてはいけない。子供たちのことばが学校の工作のレベルだとすると、大人は大工さんのことばであってほしい。その中でも黛さんは宮大工さん。みんなが宮大工にはなれないけれど、ふつうの大工さんのように正しいことばを使えるようにしたい。

黛　その中間の層がいま一番危なくなっています。スタンダードがどこかがわかりにくい。食文化、生活態度、行事、そういうものの変化の中でことばも変化しています。先生もおっしゃったように、常に変わっているものでも、地球温暖化のようにかつて人間が経験したことがない急激な変化というのはちょっと手当てをしないといけないですね。

北原　「正しい」ことばという言い方も難しいものがあります。僕は「本来的に正しい」という言い方で説明しているのだけれど、文化庁もこんどの国語の世論調査で「本来の言い方」という言い方をしている。「正しい言い方」とは言わないのです。ことばは変わっていくわけですから。変わりつつあることばについての判断は「ほとんどの人が使うようになれば、それが正しい」ということになるでしょう。

ことばの勉強は生涯学習

北原　ことばは勉強すればするほど身につきます。自信を持つため、ことばを覚えるために検定を役立てていただきたい。

黛　基礎を知っていることが大事ですね。例えば「煮詰まる」の使い方について私と父とで見解が分かれたことがありました。私は「行き詰まる」という意味で使っていましたが、父がそれは違うという意見で。北原先生にお聞きしたら、「結論の出る段階になる」が本来の意味とのことですね。父が正しかったのです。でも若い人は「行き詰まる」という意味で使っている人が多い。やはり本来の意味を知ることが大切だと感じました。

北原　言語芸術のリーダー宮大工さんには頑張ってほしいし、学校教育もしっかりしないと。それと親の教育、家庭のことば教育ですね。とくにお母さん。もうちょっと品のあることばを使ってほしい。子供に対して仲間ことばを使ったりしないでね。そして先生にもちゃんとした服装で、ことばも子供と同じレベルに下げずに、「です。ます。」で話してくださいとお願いしたい。先生が毅然とした態度でないと子供は尊敬しない。尊敬されない先生の教育では、効果はありません。大人の正しく美しいことばで子供たちに接することです。

黛　ことばの周りにある暮らしぶりそのものを見直すことが不可欠だと思います。過去のいいものを再認識しないとことばも貧しくなっていくと思います。例えば桜の花でも「初花」から始まっていろいろなことばがあります。その背景には桜の開花を待つ気持ちがこもっていました。いまはそういう気持ちがないでしょう。ことばと一緒に自然と共にある生活も取り戻していかないといけない気がします。そのためにも、やはり世代を超えた伝承が必要でしょう。表現の幅も広がりますし。

北原　公式の時にはこんなことば、親しい仲間の間ではこんなことば、というようにスイッチできるのがいい。ことばのドレスコードを知らないといけません。それが教養というものです。社会に出たらいろいろなシチュエーションの中で様々な立場の人と接するのですから。日本語の未来を考えると、もっともっとことばについて学習をしなければいけません。努力をしないと、表現が短くなり、語彙が貧弱になっていくでしょう。「私」ということばには「俺」も「僕」もあります。敬称にも「さん」も「殿」も「様」も「氏」もある。これを一人称は「私」しか知らない、敬称は「さん」しか知らないとなったら表現が単一で貧弱になってしまいます。文構造も単純になり日本語そのものが貧弱になる。ことばの勉強には終わりがありません。死ぬまで、生涯が学習です。

日本語の美しいきまり

「問題な日本語」はなぜ多いのか

私は先ごろ『問題な日本語』シリーズ（大修館書店）を続けて出版した。「全然いい」とか、「こちら和風セットになります」など、おかしい言い方や変な使い方について、学校の先生など多くの方から疑問が寄せられた。これに答えるとともに、大勢の皆さんに日本語に対する関心をもっと持ってもらいたいと思ったからである。

いままで学校の国語科の文法というと、名詞、動詞、助詞とか、主語、述語、目的語とか、そういうことしか教えない教室が多かった。

しかし、それだけでなく、たとえば同じ助詞であっても「は」と「が」の意味や使い方はどう違うのか、というようなことを考えさせたり、教えたりすれば、言葉に対する関心の度合いもずいぶん違ってくるのではないかと思う。

友だちの家を訪ねたら留守で、家人が出てきたとする。そのときに、「私が北原です」と言って挨拶をしたら相手はポカンとするだろう。北原という人間が訪ねてくるということがわかっていて待っていてくれたのであればともかく、そうではないのに、「私が北原です」と言ったのでは自己紹介にならない。

そういう場合は、「私が……」ではなく、「私は北原です」と言えば、「ああ、そうですか。あなたは北原さんですか」ということになる。

それを、「私は」「私が」は主語で、「北原です」は述語ですとか、「は」や「が」は助詞と言います、などと教えるだけの文法では何の役にも立たない。何げなく使っている日本語ではあるが、そういうことがわかってくれば、言葉の学習は楽しくなるし、「問題な日本語」も減ってくる。

形容詞のおもしろいきまり

私は日本語の研究が専門だが、言語学の楽しさは法則の発見にある。

たとえば、動詞は「読む」「書く」「話す」「取る」というふうに終止形がすべてウ段の音で終わる。形容詞は「美しい」「楽しい」「悲しい」というように「い」で終わり、形容動詞は「静かだ」「暖かだ」のように「だ」で終わる。

ウ段の音で終わる語は動作や行為を表し、「い」で終わる語は状態や感情を表し、「い」で終わる語で足りないところは状態や感情を表す語を語幹として、それに「だ」を付ける。言葉を整理してみるとそうなるわけだが、これが法則である。

さらに動詞の活用は、現代語では五段、上一段、下一段、カ変、サ変と五種類に分けられる。形容詞は「かろ」「かっ・く」「い」「い」「けれ」と活用し、形容動詞も「だろ」「だっ・で・に」「だ」「な」「なら」と活用する。エスペラント語のように人工的につくった言語でもないのに、そのように整然となっている。何と美しいきまりであることか。


私が発見した法則であるが、形容詞の終止形は「い」で終わるが、その「い」の上にエ段の音、「エ、ケ、セ、テ、ネ、ヘ、メ、レ」はこない。

たとえば、痩《や》せている人を「痩せい」人とは言わない。「痩せ」の「せ」はエ段の音で、「い」の上には来ることができないからである。最近では「すごい」を「すげえ」と言ったり、「痛い」を「いてえ」と言ったりするが、これらは、訛《なま》った発音で、例外である。

昔は、「普《あまね》し」「茂《しげ》し」「猛《たけ》し」などたくさんあったのだが、これらの「〜し」は「〜い」になれなかった。だから、現代語の形容詞には、「あまねい」「しげい」「たけい」などはない。

次に、これも私が発見した法則だが、イ段の音、「イ、キ、チ、ニ、ヒ、ミ、リ」も「い」の上に来ることができない。ただし「し」だけは例外で、「楽しい」「美しい」「悲しい」というふうに、文語の「シク活用」の現代語形だが、「し」は「い」の上にくる。

色に関する形容詞でも、赤、青、黒などには、「い」を付けた「赤い」「青い」「黒い」などという形容詞があるが、緑や紫には「緑い」とか「紫い」という形容詞はない。これも「い」の上に「し」以外のイ段の音はこないという法則で説明できる。

「高い」の反対語は「短い」だった

似たような例はほかにもある。

「高い」という形容詞の反対は「低い」である。ところが、この「低い」という言い方ができるようになったのは十四〜十五世紀ころのことで、歴史的には比較的最近なのである。

平安時代は「高い」は「高し」、「高し」の反対は「短し」で、「低し」とは言わなかった。いや、言えなかった。

「低」が「ひく」であったら、「低し」は存在することができたかもしれないが、「ひき」であった。そのために「ひきし」は、前述の法則に抵触し、存在することができなかったのである。

『源氏物語』のなかに「高し」という言葉はたくさん出てくるが、「低し」という言葉はなく、「短し」という語が代わりに使われている。「背が短し」「軒が短し」などである。現代の「声が低い」は「声が細し」である。

ではどうして「低《ひく》い」という言葉ができたのか。イ段の音とウ段の音は口を大きく開かずに発音するので「キ」と「ク」の音は比較的近い。たとえば、英語の「strike」は、野球では「ストライク」と言い、労働争議では「ストライキ」と言う。

日本語の音節は開音節といって、必ず母音で終わるため、「k」を発音するときに「k」に「i」を送って「キ」にしたり「u」を送って「ク」にしたりするからで、そのように「キ」と「ク」は発音上近い関係にあることから、中世に「ひき」が「ひく」になり、「ひくし」なら法則に抵触しないということで「低い」という語が成立したのだと考えられる。

ところが、「し」以外のイ段の音で「い」の上にくる言葉が二、三ある。たとえば「大きい」である。詳細ははぶくが、昔は「おおきなり」という形容動詞が使われていて、「大きい」という形容詞も歴史的には最近できた言葉なのである。また、「みみっちい」とか「ばばっちい」という形容詞もあるが、これも江戸時代に接尾語「〜ちい」がいろいろの語幹についてできたものである。

このように言葉の歴史を調べていくと、例外が見つかり、その例ができた理由がきちんと説明できる場合がある。日本語の決まりを調べ、その例外を研究することはとてもおもしろい。

色に関する話をもう一つすると、「緑」というのはもともとは「若い」という意味で、昔は緑色を表すのには、「青」と言った。

だから

目には青葉　山ほととぎす　初がつお

というように、若葉は「緑の葉」なのに「青葉」と言い、中村修二さんが青色発光ダイオードを開発するまでは、実際は「緑信号」だったのに、これを「青信号」と呼び、たんぼは「緑田」なのにいまでも「青田」と言っている。

これは、現代語の知識だけでは、説明ができない。言葉は現在に忽然《こつぜん》と生じたのではなく、過去を踏まえて現在があるからだ。言葉の歴史を研究する必要がここにある。

他にも、意外と気がつかない、おもしろい法則がある。

たとえば、鉄の棒に熱を加えると鉄が「グニャグニャに」なる、メリケン粉に水を加えると「ドロドロに」なる。ところが、太鼓は「ドンドンと」たたく、雨は「ザアザアと」降る、戸は「ガタガタと」鳴る。

つまり、擬態《ぎたい》語には「に」がつき、擬声《ぎせい》語には「と」がつくわけで、「ガタガタになる」は成った結果の状態を表し、「ガタガタとなる（鳴る）」は鳴っている時の音を表し、まったく違うのである。

日本語は語尾から変化する

最近、日本語が乱れていると言われる。社会構造や人間関係の変化などいろいろな要因が考えられるが、日本語にはもともと変化しにくい部分と変化しやすい部分がある。

いちばん変化しにくいのは文の構造である。英語が「I read a book」というふうに動詞のあとに目的語がくるのに対し、日本語は「私は本を読む」というように目的語のあとに動詞がくる。この構造が変わることはないだろう。

「美しい花」というように形容詞が名詞の前にくる順も簡単には変わらないだろう。かつては「○○旅館」と言っていたところを、「ホテル○○」というような言い方が出てきているが、こんなのは一部の例外だ。

名詞は新しいものや概念が出てくれば新しく誕生する。ラジオがなかったところにラジオが入ってきて「ラジオ」という言葉ができ、テレビジョンが開発され普及して「テレビ」という言葉ができた。「パソコン」「インターネット」などは、最近になって誕生した言葉だ。

また、同じものを指す言葉でも、時代によって呼び方が変わったり、棲《す》み分けをしたり、一方が消えたりする。たとえば「ホテル」「旅館」「旅籠《はたご》」のなかで、「旅籠」はすでに死語になり、「ホテル」と「旅館」は、木造だと「旅館」といい、コンクリート建てだと「ホテル」というというような使い分けがされている。

「落花生」「南京豆」「ピーナッツ」という言葉も、「落花生」は外殻のついたもの、「南京豆」は中身の茶色の皮を被ったもの、「ピーナッツ」は皮をむいた白い豆のことをいう、という人がいる。

「髪がた」「胴まわり」「ぶんまわし」「乗合自動車」などは、それぞれ「ヘアスタイル」「ウエスト」「コンパス」「バス」などにすっかり取って代わられ、ほとんど死語になった。

ただ、「山」「川」「海」といった基本的な語はこれまでずっと変わらなかったし、これからも変わることはないだろう。「マウント・富士」とか、「○○リバー」とか、一部ではそういう言い方もされているが、基本は変わらないだろう。

最も変化しやすいのは文や句の最後の部分である。日本語は述語に動詞、形容詞、形容動詞があって、それにいろいろな助動詞が付き、それから終助詞が付くが、とくに最後の終助詞は変わりやすい。たとえば「あなたは明日来られるでしょうね」の「ね」の部分は時代とともにどんどん変化してきた。だから平安時代に使われていた終助詞といまの終助詞はほとんど一致しない。

また、いま使われている「です」「ます」は江戸時代後期にできた言葉で、それが書き言葉として使われるようになったのは明治の言文一致運動のころからだし、戦前まで使われていた書き言葉の「候」は、いまは使われていない。

なぜ最後の部分が変化しやすいかといえば、こうした言葉は概念性が希薄だからである。「私は本を読ませていただきました」という言い方をする人がいるが、この場合、大事なのは「私は本を読む」で、「私」「本」「読む」という語にははっきりとした概念がある。それに対して、「せていただきました」という言葉は概念性が薄いから、時代とともに変化しやすい。助動詞や助詞はもっと概念性が薄い。「です」「ます」も、何百年か後には、別の言葉に変わっているかもしれない。だから、私は、「これが正しい日本語だ」という言い方はしないで、「もともとは（本来的には）正しい日本語だ」という言い方をすることにしている。本来の言い方、使い方にかなった日本語ということである。多くの日本人は、本来の日本語を知らなくても、それからはずれた言葉を耳にしたときには、「なにか変だ」と感じるのである。

私は、日本人はなるべく本来の日本語を使うように努力すべきだと思う。本来の言葉を使わず、仲間うちだけで通用するような新造の変な言葉ばかりを使っていると、そのうちにコミュニケーションが成り立たなくなってしまう。それを危惧《きぐ》するからである。

「分ける」と「分かる」

はじめに

「分かる」ことは「分ける」ことである。

桜の花が「分かる」ということは、梅の花や他の花と区別して認知することであるし、また、花が「分かる」ということは葉や枝と分けて認知することである。赤ん坊がものを認知する順序を考えてみても、まずは動くものと動かないものを区別し、それから母親の顔とそれ以外の顔を区別し、顔の中の目と口を区別するといった順序で区別が細やかになっていく。このように、人が何かを「分かる」ということは、違いを「分ける」ことであるということが日常的な例からしても理解することができる。

「分かる」は自動詞であり、「分ける」は他動詞である。自動詞と他動詞の中には、自他の対応がみられるものがある。石を投げて「当てる」と「当たる」、「落とす」と「落ちる」、「驚かす」と「驚く」、「飛ばす」と「飛ぶ」、「伸ばす」と「伸びる」「焼く」と「焼ける」などがその例にあたる。「Aが

Bを他動詞」と「Bが自動詞」という関係の自他の対応が成立するのである。そのような視点から「分ける」と「分かる」の関係を見てみると、興味深いことに、「分ける」という他動詞に対応する自動詞は「分かる」ではなく「分かれる」である。「Bを分ける」と「BがCに分かれる」のであって、「BがCに分かる」とはならない。では、「分かる」はどのように位置づけられるのか、そして、どのように成立したのか。

「分ける」の性質

まず、「分ける」という動詞がどのような性質を持った言葉であるかについて考える。「分ける」という言葉は「分かつ」「分く」という古語が存在するように、古くから使用されてきた。「分かつ」は平安時代の文献などによく登場するし、「分く」も古くから存在し、現在の「分ける」の古い形である。

そして、そのように古くから使われてきた語であるから、関連のある言葉がたくさん存在する。例えば、「これに枠をはめる」の「枠」や、「これには訳がある」の「訳」などは、「分ける」に関係があると思われる。また、「割る」という言葉も「分ける」と関係の深い言葉であると考えられる。「ことわり」という言葉があるが、これは「ことを割る」ことによって筋道が見えてくるということを表している。旧仮名遣いにおいても「ことはり」ではなく「ことわり」であるのは、「わり」は「割る」だからである。ただし、「割り算」と言うが「分け算」とは言わないし、「(列に)割り込む」という動詞はあっても「分け込む」という動詞はない、など両者の意味や使い方はかなり異なっている。しかし、本来「分ける」と語源は一つであったと思われる。このように、「分ける」という言葉は古くから様々な言葉と関係し、影響を与えている。

さて、「分ける」という言葉の持つ特性についてであるが、これについて考える際に、大切なことは「数える」ということである。我々がものを数える時、例えば本は「一冊」、ペンは「一本」というように、数えるものに対して必ず助数詞を付ける。家なら「一軒」、魚なら「一匹」、自動車なら「一台」というような助数詞を付ける。そして、本はそれ以上分けてしまうと本ではなくなってしまうように、なにかを「数える」ということは、それ以上分けることができないところまで分けた単位を数えることだと一般的には考えられる。

しかし、コーヒー「一杯」は「二杯」につぎ分けることができるし、肉「一切れ」は「二切れ」に切り分けることが可能である。助数詞が付けられていても、それ以上分けることが出来るものも存在する。このように考えると、結局、すべてのものは無限に分けていくことが可能だということになる。

そこで重要となるのが、「分ける」に当たっての単位である。これは、分ける人間によって任意に設定される。例えば、計量の単位は、人がものを等分に分けるために設定したものである。長さを測る単位は、「センチメートル」や「キロメートル」、面積だったら「平方メートル」や「坪」などがある。こういう単位は分ける人間によって任意に設定されるものであるから、文化や国によって異なる。メートル法と尺貫法の文化的な相違であるとか、「円」「ドル」など国による貨幣の数え方の相違がその一例である。

また、単位を任意に設定することによって、歴史の時代区分や植物の分類などのように、連続していて分けることが難しいものを、あえて「分ける」ということもある。歴史は一〇〇年ごとに分けて「世紀（センチュリー）」という。しかし、これは一〇〇年に分けるから分けられるだけで、別の分け方も可能である。一〇〇〇年ごとに分けて、今は第三「ミレニアム」だというような分け方もできる。仮に一世紀を五〇年単位で分けるとするなら、今年は四一世紀に所属することになる。植物の分類も、その基準によって結果が変わってくることは容易に想像することができる。

つまり、「分ける」ということは、その単位が任意に設定されるので、それを行うにあたっての基準が重要な要素になる。「分ける」のは、分ける基準があって分けているということになる。

「分ける」と「分かれる」

それでは、「分ける」ということは本当に可能であるのか。「分ける」と「分かれる」との関係について考えると、何かを「分ける」ということは、（何かの基準を設けて）「分ける」から「分かれる」

のか、(もともと自然に)「分かれる」ものだから「分ける」ことができるのか、が問題となる。例えば、八個のミカンを二個ずつに分けることは簡単である。しかし、七個のミカンを四つに分けることはできない。ただし、数学では分数を用いることによってそれが可能である。それでは、どちらが道理に適っているか、それはいささか哲学的な問題となってくる。

言語の研究においては、我々は、「分ける」ということを常に行っている。「分析する」といった方が適当かもしれない。対象を分析してデータを作り、それに対して解釈を施すというのが、経験科学の代表的なパターンである。私は「きれいなデータができれば研究は成功したようなものだ」と常々学生に話しているが、これはデータが研究の結論を導くものであるということである。縦のファクターと横のファクターを設定することが研究の方法を決めるということで、そのデータからものが見えてこなかったら、それは有効なデータとは言えない。こうして我々は、言語事象を縦のファクターと横のファクターとに「分けて」研究を行っている。

しかし、研究者の分ける言語事象の中に、原本的な事実として分かれる事実が存在するのか、あるいは、研究者がある基準のもとに作り上げた虚構(フィクション)の分析であるのか、そのいずれであるのかを一概に決定することはできない。

これは、私が初めて問題にするものではなく、一時期、アメリカの言語学の世界で真剣に議論されたことである。向こうの言葉に即して言うと、God's Truth Linguistics と Hocus - pocus Linguistics

との対立である。God's Truth Linguisticsは、もともと存在する神の決めた真実（God's Truth）を明らかにする言語学のことを指す。それに対し、Hocus - pocus Linguisticsのhocus - pocusは「魔術・まやかし」といった意味を持っており、要するに、言葉のきまりは言語学者、研究者が作り上げたものであるという立場に立った言語学を指す。God's Truth Linguisticsを「発見する」言語学であるとするなら、Hocus - pocus Linguisticsは「発明する」言語学であると位置づけることができる。そのような意味からすると、この二つの立場の言語学は、ある言語事象について分析を行う方法がまったく異なっているわけである。ただし、両者にはそれぞれ難点がある。God's Truth Linguisticsの立場に立つと、言語には必ず一つの体系が存在するはずであると考え、「自分には今のところそれを完璧に見つけ出すことができないが、多分こうだろう」というように研究の方向性を決めつけてしまうおそれがある。他方、Hocus - pocus Linguisticsの立場に立つと「私の研究の仮説と方法によればば……」などとして、言語研究に非常に重要な言語の実態、言語使用者の言語意識などを無視してしまう過ちを侵すおそれがある。そこで我々はそれぞれの立場を尊重しながら研究を進めていく必要がある。

これ以上、この問題について深入りすることは避けるが、本来的に「分かれる」ものだから「分ける」ことができるのか、「分かれる」ように基準を設定するから「分ける」ことができるのか、ともかく、「分かる」ということは「分ける」ことによって「分かる」のである。つまり、「分かる」

というのは、「分ける」という行為のあとに結果的に生じるものであり、そしてそれは「発見すること」であり「発明すること」であると言える。

「分ける」と「分かる」

以上を踏まえつつ、主題である「分ける」と「分かる」の関係について考え、「分かる」という言葉がどのように成立したかについて考える。

先にも述べたように、「分ける」は他動詞であり、「分かる」は自動詞である。つまり、両者の間には「自他の対応」が認められる。しかし、「分ける」と「分かれる」の関係とは違う。

ここで、もう一度「分ける」「分かれる」「分かる」の関係を整理する。「分ける」という他動詞は「AがBを『分ける』」という形で使用されることが多い。これに対応して自動詞「分かれる」は「Bが『分かれる』」となる。この際、Aは問題とならない。だれがBを分けるかには関係なくBは分かれるのである。

それでは「分かる」の場合はどうなるか、「分かる」は「Aが（に）Bが『分かる』」という形になる。ここでは、他でもない「A」が「分かる」ことが重要となってくるが、とにかく、「AがBを他動詞」「Aが（に）Bが自動詞」という対応の中に「分ける」と「分かる」を位置づけることができる。

「AがBを他動詞」「Aが（に）Bが自動詞」という対応をもつ語には、他にどのようなものがあるか。

たとえば、「見る」「見える」がある。「太郎が山を『見る』」と「太郎が（に）山が『見える』」は「分ける」「分かる」の関係とほぼ同様の対応である。あるいは「花子が鳥の声を『聞く』」と「花子が（に）鳥の声が『聞こえる』」における「聞く」「聞こえる」、「二郎があることを『知る』」と「二郎にあることが『知れる』」における「知る」「知れる」なども同様の対応である。

繰り返すことになるが、ある物事を「分ける」と、ある物事が「分かる」の関係は、「見る」「聞く」「知る」に対する「見える」「聞こえる」「知れる」の関係に近いということが出来る。「見る」「聞く」「知る」などは知覚を表す動詞で、「知覚動詞」などと呼ばれるが、「分かる」もその歴史を調べてみると、一六〇三年にキリスト教宣教師のポルトガル人たちによって編纂された『日葡辞書』に「物事が知覚され了解されうる」と説明されている。つまり、「物事を知覚することあるいは了解することが可能な状態となる」というのが「分かる」のもともとの意味である。

実は、「見える」の「える」は古く奈良時代までさかのぼれば「見ゆ」における「ゆ」であり、それは可能を表す助動詞である。「聞こえる」の場合も「聞こゆ」がもとの形であり、「ゆ」はやはり可能を表す。文法的な用語では「自然可能・自発」などと言い「自然にそうなる」といった意味をもつのが「ゆ」ということになるが、「分かる」にもそのような意味（「ゆ」が担っていたような意味）が含まれている。

ただし、だからといって「分かる」を分解して「分く」の活用形「分か」に自発・可能の意味を表す助動詞「る」がついたものであると考えるのは無謀である。「分か」は「分く」の活用形ではないし、「分かる」が使われるようになったのはそれよりもずっと後の時代だからである。しかし、いずれにせよ「分かる」には「物事を知覚・了解しうる」といった自発・可能の意味合いが含まれている。つまり「見る」「聞く」に対する「見える」「聞こえる」という関係を「分ける」にあてはめてみると、「分ける」には対応する自動詞がない。そこを埋めるようにして出てきた語が「分かる」であると考えられる。そういう言い方が欲しいのだがその部分に相当する語がない場合は、類推によって語が作られるということがある。「分ける」という動詞はそれほど知覚的な要素が強くなく、知覚動詞とは呼べないものであろうが、「見る」「聞く」といった知覚動詞とそれに対する可能の意を含んだ自動詞「見える」「聞える」との関係に、あえて「分ける」を当てはめようとして成立したのが「分かる」ではないかと思われる。

言語表現における「分かる」

我々は日常の言語表現の様々なレベルにおいて「分ける」ことを行っている。以下具体的な例について言語表現における「分ける」ということについて考えてみたい。

我々は言語表現において自分の気持ちを主体的なものとしてそのまま表出したり、それを客体化したりしながら表現している。

「あっ」という感動詞がある。この感動詞は、その表現主体の主観を直接的に表現したものである。「あっ」という語は、これを発した人間（表現主体）の気持ちしか表せない。それに対して、「あっ、痛い」の「痛い」は「痛い」という気持ちを客体化したものである。私は自分の気持ちを表現するために「あっ」という語を使うことができるが、他人の気持ちを表現するのに「あなた方は『あっ』だ」ということはできない。一方、「痛い」の場合は、例えば私が「頭の痛い人は手を挙げて下さい」ということができる。この場合の「痛い」は私ではなく他人（客体）の感じる痛さを表している。「痛い」という語は私の痛い気持ちを表すこともできるし、私以外の人の痛い状態を表すこともできる。時枝誠記博士は、感動詞を「主客合一、主客未剖の表現」、「主体と客体を解剖していない表現である」と説明しているが、言語表現には、「あっ」という感動詞のように表現主体の気持ちを未分解のまま表現する語と、「痛い」などのように気持ちを客体化して表現する語とがある。前者は表現主体の気持ちしか表すことができないが、後者は気持ちを客体化することによって分析的な表現を行うことが可能である。

文には、主語・目的語・修飾語などがある。そして、ある物事が説明（表現）される際、主語・目的語・修飾語が付けられて表現されることが多いが、それらを付けることの意味について考える必要がある。

主語について説明すると、「走る」ことを表現する場合、「走る」とだけ言ったのでは何が走るのか分からない。それを「人が走る」「犬が走る」「車が走る」のように、主語（特定の動作主）を付けて表現すると、他のものが走るということからその事態を区別しているということになる。すなわち、「人が走る」ということは、走るのは人だというように、他のものが走るということからそこを切り取って「分け」たことになる。目的語についても、「きる」と言っただけでは、何をきるのか事態が判然としないが、「木をきる」「紙をきる」「人をきる」というように目的語を補うと、他の事態から特定の事態を「分け」て説明することになる。連体修飾の場合も同様で、「白い花」というのは「赤い」「黄色い」と分けて「白い」と言い、「大きな花」というのは「小さい」と分けて「大きな」と表現しているわけである。このように、いわゆる主語や目的語、修飾語を付け加えるということは事態を「分け」て把握した結果を表現するということである。

芥川龍之介の『羅生門』に「檜皮色の着物を着た、背の低い、痩せた、白髪頭の、猿のような、老婆」という表現がある。この表現では、例の「老婆」の容姿を説明するのに、「檜皮色の着物を着た」「背の低い」「痩せた」「白髪頭の」「猿のような」といった五つの連体修飾語が重ねられている。これは、着物の色は何色であるのか、背の高さはどれくらいであるのかなどといったことを、それ以外のものと「分ける」ことによって表現している。この表現を老婆の容姿を詳しくした表現であると説明することもできるが、言語表現を「詳しくする」ということは、以上の例からも明らかなように、概念や事態を分けて認知することである。

最近の若者はあまり「分ける」ということをしないようである。昔、「単語族」という言葉をしばしば耳にしたことがある。「単語族」とは一つの単語しか使わない者のことをダンスの「タンゴ」に掛けて呼んだ言葉である。現在でも、そばへ来て「先生」とだけ言って立っている若者がいる。「何?」と尋ねると紙を差し出して「これ」としか言わない。「これをお願いします」とか「これにサインを下さい」と言えないで、「これ」としか言わない。これは、概念や事態を分けて表現することができないということである。

言語表現における「分ける」、すなわち概念や事態を分けて認知することは、文字の使用においても行われる。先に「木をきる」「紙をきる」「人をきる」という例を挙げたが、これらの「きる」にはそれぞれ「伐る」「切る」「斬る」が充てられる。「草木がかれる」は「枯れる」と書く。「水がかれる」は「涸れる」と書く。「声がかれる」は「嗄れる」と書く。「こうえん」にもいろいろあり、「講演」は大勢の人の前で、ある題目のもとに話すことであり、「口演」は浪曲、講談など、話芸を演じることである。「浪曲を『こうえん』する」と書く場合は「講演」ではなく「口演」である。また「公演」もある。これは、演技や演奏などを公開の場で演じることで、「国立劇場で歌舞伎の『こうえん』がある」などと書く場合は、「公演」を用いる。このように漢字によって書き分けられた同音語は我々に全く違う印象を与えるし、当然意味も異なってくる。つまり、これは文字を書き分けることによって意味を分けているのである。

このように、言語表現における「分ける」とは、概念や事態を細かく認知することを指し、そうすることによって表現は詳しくなる。そして、このように表現された言葉は、概念や事態を把握しやすく、分かりやすくするものであることは言うまでもない。

まとめ

以上、「分ける」という言葉について、その特性や「分かれる」という語との関係をふまえながら、「分ける」と「分かる」との関係、そして「分かる」ということが一体どういうことであるのかについて考えた。

本来的に「分かれる」ものだから「分ける」ことができるのか、「分かれる」ように基準を設定するから「分ける」ことができるのか、この問題については結論を保留したが、実際問題として、我々は日常生活の中の様々なレベルにおいて「分ける」ことを行っている。そして、結局、「分かる」ということは「分ける」ことによって可能な状態となることをいう。「分かる」は「物事が区別されて、それと知られるようになる」ことであり、その状態を可能とするのが「分ける」ということである。物事が「分かる」ということは、「分ける」ということと深く関わっており、「分かる」を能動的に言えば「分ける」ことになる。表現と理解に即して言うならば、表現する側が客体化された概念や事態を言葉のレベルあるいは表記のレベルにおいて「分けて」表現することによって、その表現は詳しくなり、また理解する側にとっても「分かる」表現になるということである。

最後に、標題の「『分ける』と『分かる』」には二つの意味が掛けられている。それら二つの意味も「分ける」ことによって理解することができる。まず一つの意味は「『分ける』ということと『分かる』ということの関係」であり、そしてもう一つの意味は、「『分ける』とその結果『分かる』のだ」というものである。前者は「と」を格助詞、英語で言えばandであると捉えた時の意味であり、後者はそれを原因理由を示す接続助詞であると捉えた時の意味である。同じ「と」という語を格助詞か接続助詞かに「分ける」ことによって、標題の意味も「分かる」ことになる。

II

日本語と私

日本語との関わり

『問題な日本語』のこと

『問題な日本語』（大修館書店、二〇〇四年）がベストセラーになりました。実は、この本は、これまでにない特長を持ったいい辞書を作ろうということから生まれた本なのです。「辞書」というのはまず第一に「この言葉の意味はこうである」「こう使うべきである」という規範を説明するものです。要するに、言葉の正しい意味や正しい使い方を解説するものなのです。

言葉の正しい意味や使い方を説明するのが、辞書の第一の役割りですが、それだけでなく、実際に使われている言葉について、「こういうふうに使っているのは間違いですよ」「こういうように使っている人がいるけれど、こちらの使い方がより望ましいですよ」ということも解説に入れよう、それが生きた、使える辞典というものだろう。こんなことを『明鏡国語辞典』（大修館書店、二〇〇二年）を作るときに考えたのです。

それで『明鏡国語辞典』の携帯版を発刊する際に、全国の高等学校の先生方に「何か気になっている日本語はありますか」というアンケートをしました。すると、「これは変な言い方ではないですか」「これはどう説明すればいいのですか」というような問い合わせが、とてもたくさん来たのです。これらの問い合わせに答えるべく、実態やそういう変な言葉の出てきた理由などを解説した『明鏡質問箱』というパンフレットを一、二と二回作り、無料で配布しました。これへの反響が大きく、予想以上に好評だったので、「それじゃあ一冊の本にしようか」ということになったのです。『明鏡質問箱』に載せていたものに、もう少し詳しいデータや、より具体的な情報を加え、書き改めました。こうしてできたのが『問題な日本語』です。つまり、源は『明鏡国語辞典』にあったのです。書名を『問題な日本語』などという、あえて問題な表現にしたのも、そのことで「問題の日本語」により関心が向けられるようになれば、という思いがあったからです。

おビール・お着物

「おビール」や「お着物」「ご本」というように、「お」や「ご」をやたらにつけるという問題があります。たとえば「あなたのお着物」のように、相手の持ち物である「着物」に「お」をつけるのは、相手を高めるものなので尊敬語です。これが「私はお着物を買いました」となると、自分の物について「お」をつけていることになります。この場合は、上品な言い方をして自分の品位を高めているもので、「美化語」と言います。「おビール一本」とか「ご本を読みましょう」などは、相手を尊敬して言っているのではありませんから、この美化語になるでしょう。「お」や「ご」をつけすぎるというのは、美化語だけでなく、尊敬語の場合でも、やはり問題です。

ただ、美化語の多用には微妙な面もあります。これは程度の問題でしょう。「お花」「お休み」とか「お天気」や「お茶」など昔からあった言葉にはいいのですが、「おビール」や「おジュース」といった外来語、カタカナ語にはなるべくつけないほうがいい。「おビール」「おジュース」は、まだ一般化した言い方ではありません。「お」の使いすぎは、かえって品位を失うことになります。

最近問題になっている言葉には、このほかにも、「こちら〜になります」「よろしかったでしょうか」とか、「一個上の先輩」のように年齢や学年のことを「個」で数えるものなどもあります。日ごろ耳にして何となく気になる日本語を『問題な日本語』では取り上げました。その表現が「正しい」のか「誤り」なのかということだけでなく、「なぜそういう表現が生まれたのか」「どのように使えばよいか」までを、丁寧に説明しました。

話し言葉の氾濫《はんらん》

それでは、なぜこれほど「問題な日本語」が氾濫しているのでしょうか。言葉を大きく二つに分けると、書き言葉と話し言葉があります。昔はテレビもないし、ラジオも今のようにかけ流しにしたりしなかったので、書き言葉が重要な部分を占めていました。ところが今は、話し言葉が量的に増え、常に皆さんの耳に入り目に映るようになりました。テレビばかり見ていて本をほとんど読まない人が増えています。そのテレビではお笑い番組が多く、日ごろつきあっている親しい仲間同士で、「な、おまえ、そうだな」というような話がぼんぼん出てきます。ラジオでも、若い人たちがわいわいおしゃべりしているものが多い。それが、そのままお茶の間に入って来るのです。また、携帯電話がこれだけ普及しています。友だちと別れても、またすぐ歩きながら携帯でしゃべりつづけます。インターネットや携帯のメールは、言葉を書いてはいます。でも、そのほとんどが話し言葉です。こうした今の社会構造が変な言葉を広げますし、その変な言葉を苦々しく思っている人たちの目にもどんどん入ってきます。だから「この日本語は問題だ、問題だ」となって『問題な日本語』というような本が売れる。現在はそういう状況なのだと、私は分析しています。

でも、品の悪い言葉とか、語法的に間違っている言葉については、「これはおかしい使い方だから、正すべきだ」と思います。私は文化審議会国語分科会（旧国語審議会）会長を拝命したことがあり、その時に「これからの時代に求められる国語力について」という答申をまとめました。それを踏まえて、先般の国会に「文字・活字文化振興法案[1]」が上程されて可決成立しました。これはその答申をまとめた当時の河村建夫文部科学大臣[2]が非常に熱心で、この法律にもその国語分科会で決めた答申の内容がほとんど盛られています[3]。その答申のなかには「読書をもっとしなければいけない。すなわち書き言葉をもっと重視しなければいけない」ということが書かれています。つまり、書き言葉を重視すれば、落ち着いた本来の言葉がもっと定着してくるだろう、と考えたのです。書き言葉を重視した教育が浸透すれば、若い人たちが一時的には変な言葉を使って遊んでいても、そのうちにちゃんとした正しい言葉を使うようになるだろうと思います。若い人は変な言葉を使いたがるのです。昔の大学の医学生なども、「あのメッチェンはおれのリーベだ」などと、ドイツ語を使って得意になっていました。若い人は今も昔も、こうした人の知らない言葉を使ったり隠語を使ったりしたいのです。

個別現象と文法現象──「やばい」と「ラ抜き」言葉

たくさんの「問題な日本語」が溢れているという現象も、結果だけを見れば「ああ、この言葉は流行だったな」「この言葉は不易だったな」というように、時の流れが決めてくれます。しかし、言葉が変化するというのには、いろいろな要因があります。たとえば、「やばい」という言葉があります。そんな言葉を使ってはだめだと批判しながら、その批判している人が「これはやばいですね」などと言ったりしています。「あ、これ、やばい」というように、独り言で思わず出てしまうこともあります。口に出るということは、もう「やばい」がその人の言葉になっているということです。別に「やばい」を擁護しているわけではありません。もしかしたら「やばい」は残るかもしれませんし、あるいは自然に消えるかもしれません。

可能表現を「見られる・来られる・食べられる」と言わずに「見れる・来れる・食べれる」と言う「ラ抜き」言葉などは、かなり以前から問題視されています。しかし、この言い方はたぶん残るのではないでしょうか。「やばい」の場合は、「危ない」という一つの形容詞が「やばい」という言葉に変わった、つまり単語の交代という単語レベルの問題で、個別現象です。それに対して、「ラ抜き」言葉というのは、過去における二段活用動詞の一段化のようなもので、言葉の法則が変化するという文法現象です。これは大きなことです。「見れる」「出れる」「着れる」、みんな「ラ抜き」にしてしまうわけですからね。

「サ入れ」言葉――「読まサせる・送らサせる」

今はまた、「サ入れ」言葉というのが問題になっています。この変化も文法現象ですね。「サ入れ」言葉というのは、使役の助動詞の「せる」をつける言葉に、入れなくてもいい「サ」を入れて「させる」をつけたように言う言葉のことです。たとえば「読む」とか「送る」というような五段活用の動詞には、「せる」をつけて「読ませる」「送らせる」とすればいいのです。「助ける」とか「落ちる」「食べる」というような下一段活用の動詞のときには、「助けせる」「落ちせる」「食べせる」のように「せる」をつけるのはだめで、「助けさせる」「落ちさせる」「食べさせる」というように「させる」をつけます。ところが、「せる」をつけるだけでいい五段活用の動詞に、「サ」を加えて「させる」をつけるのです。「読む」は「読ませる」でいいのに「読ませさせる」という。おそらく、使役の意味を強調したいためだろうと思います。「読ませる」や「送らせる」では何となく弱いと感じられるのでしょう。

特に「～ていただきます」が続くときが多いですね。「読ませていただきます」を「読まさせていただきます」と言ったり、「では、後ほどファックスを送らさせていただきます」というふうに言ったりします。

この「サ入れ」言葉が、若い人の間でかなり多く使われています。言葉というものは繰り返し使っていて、しっかりと覚えてしまうと、固まってしまいます。若い人の頭はやわらかいので新しい表現をどんどん受け入れます。たとえば、英語の発音は、年をとってから始めても、きれいな発音ができませんが、小学生のころから学べば口の構造も変わり、発音がきれいにできるようになる、ということと同じです。若い人は頭が固まっていませんから、新しい言葉を何でも使ってしまう。そして使ってみれば使えてしまうので、そのまま使い続けるというわけです。

文法レベルでの言葉の変化

言葉が文法レベルで変わるのは問題です。できれば止めたいですね。でも一方では、すごい変化だと思います。文法的に間違っている言葉が定着するのは良くないということを、「あなたのような立場の人が言うべきだ」などと言う人がいます。しかし、私は言葉の統制者でも責任者でも何でもありません。私は一人の研究者として、言葉が変わっていくのを傍から見ながら「こう変わった」「なぜ変わったのか」ということを、研究しているだけです。言葉は、いつの時代でも変わるものです。ですから私は、「ラ抜き」言葉のようなものを使っている人がいても、間違いだというような言い方はあまりしないようにしています。すでに多くの人が使っている場合には、簡単に「間違えている」と言えません。そういう時は「本来は」とか「元々の言い方からすると」という言い方をすることにしています。こういう言い方をすると、すぐに「あなたは問題な日本語許容派ですか？」と言われてしまいます。私は決して「許容している」わけではありません。

　私は、万葉時代の言葉から現代語までを研究しています。長い時代の流れの中でも、やはり二段活用の動詞が一段化した、現代の「ラ抜き」言葉と同じような言葉の変化がありました。たとえば、現在使われている「助ける」という動詞は、もともとは「助く」という〈下二段活用〉で、左のように活用しました。

　たすけ（ず）・たすけ（たり）・たすく・たすくる（時）・たすくれ（ども）・たすけよ

ところが、それが現代では「助ける」という〈下一段活用〉の動詞に変化しています。

　たすけ（ない）・たすけ（ます）・たすける・たすける（時）・たすけれ（ば）・たすけよ

　つまり連体形は「助くる」だったのが、今では「助ける」になっています。「落ちる」も、もともとは連体形が「落つる」だったものが「落ちる」になっています。このような変化が起きているのに、今、二段に活用させて使ったら笑われてしまいますよね。「私があなたを助くる際には」などといったら、「何、演説しているんだ」ということになってしまいます。今では「私があなたを助けるときには」と言うのが正しくなっています。それから、形容詞も終わりは「うるはし」というように「し」で終わっていたのですが、今では、「うるわしい」というように「い」になっています。これは非常に大きな変化です。でも、その変化の過程では「何でそんないい方をするんだ」と、きっと古い世代から批判されたりしていたのではないでしょうか。

こういった、文法レベルの大きな変化ではなく、単語レベルの変化ということになれば、いくらでもあります。たとえば「ニュー」の意味での「あたら（新）しい」という単語ですが、昔はこのような言葉はありませんでした。「日々これ新（あらた）なり」の「あらた」を語幹とする「あらた（新）し」という形容詞がまずあって、これの「た」と「ら」の順がひっくり返って「あたらし」という形容詞ができ、それが現代語の「あたらしい」になったのです。「なおざり」と「おざなり」の使い方が分からなくなったりしていると、その両方が「おざなり」になったりして[4]……。

『枕草子』に次のような一節があります。

なに言をいひても、「その事させむとす」「いはむとす」「なにとせむとす」といふ「と」文字をうしなひて、ただ、「いはむずる」「里へ出でむずる」などいへば、やがていとわろし。まいて、文に書いては、いふべきにもあらず。

清少納言は「〜むとす」という言葉の「と」を取って「〜むず」と言うのは悪いし、ましてそれを文に書いたらもっとだめだ、と言っています。ところが、そう言いながら「まいて」(「まして」の音便)や「書いて」(「書きて」の音便)というように、自分も音便形を使っています。奈良時代にイ音便はありません。これは平安時代になって出た言葉の変化です。自分の言葉の変化には文句を言わないで、他人の言葉の変化について文句を言っているわけです。すべてが変化ですよね。

「変だ」というのは「少数派」

「ラ抜き」言葉や「サ抜き」言葉、「っていうか」や「これってどうよ」などは、誰からともなく使われはじめた表現で、最初は「変だ」と気になります。これは私がいつも言っていることですが、結局このような表現が「変だ」と思うのは、その表現を使っている人がまだ「少数派」のときなのです。

たとえば、お坊さんが丸坊主にしているのは変ではありません。あれは僧侶という職業だからです。でも一般の男性が、ましてや女性が頭を剃って丸坊主にしたら変だと思うでしょう。ところが、坊主頭がファッションとして流行る、あるいは健康に良いというようなことになって、みんなが髪を刈ったらどうでしょう。髪を刈ること、頭を坊主にすることが、正しいとか正しくないということはないわけです。頭を坊主にする人が半数を越せば、皆さん認めるようになりますよね。そしてほとんどの人が坊主になると、髪を伸ばしているほうが少数派になって、今度は髪を伸ばしているほうが変になるわけです。「変」というのは変わっていること、少数だということです。最初、その芽が小さな時には「変」だと思うものです。半数ぐらいになると「まあ、しょうがないか」となってきます。そして、それが多数派になると「それじゃあ、こっちの方がいいんだ」ということになるわけです。

流行もそうです。たとえば女性のスカートは、長さがよく変わるといわれます。ミニスカートも、はじめは「何であんなに短くして」などと感じます。でも、これが流行りだして皆が短いスカートをはくようになると、だんだんロングスカートの方が、「何だかだらしない」と感じられるようになります。ところが今度は「生地の使用が少なくてすむので困る」と繊維業界が思いはじめます。それで、がんばって「ミニスカートは中途半端だ。もっとドレッシーにするべきだ」というような宣伝をしたとします。すると、再びロングスカートの方が流行し、格好良くなってくるのです。ですから、「ラ抜き」言葉も「サ入れ」言葉も、今のうちは変だと思っている人が多いのですが、これが普通になってくると、「ラ」を入れていた、または「サ」の入っていなかった、本来の言い方のほうがむしろ変だということになってしまうかもしれません。

政治家の過剰な敬語も問題な日本語

最近、政治家が、敬語を（間違った敬語も含めて）やたらに使うことが気になります。国会の答弁などでもすごい状態です。今度、国会中継を聞いてみるといいですよ。間違った敬語や過剰敬語が、ばんばん飛び交っています。政治家は敬語の使いすぎですね。たとえば、大臣が、自分の配下に当たる人にたいして「〜とお願い申し上げているんです」といったような言い方をしています。私たちが「うちの女房にそう申し上げました」などと言ったらおかしいでしょう。まあ、あまりにぞんざいな威張った言い方をするのもよくありませんが、敬語の使いすぎはいただけません。相手を高め、改まった気持を強く示そうとしているのでしょうが、相手が誰なのか、誰に対して話しているのかが考えられていないものが多いのです。

敬語は相手との距離を表す

敬語は相手との距離を保つ、または距離を隔てるための表現です。「尊敬している」というのは上に距離を保つことですが、横に距離を保つということもあります。たとえば「ありがとう」と「ありがとうございます」の、どちらを使うかという問題があります。スーパーやレストランで、従業員が客に対して、「ありがとう」と言ったら、なれなれし過ぎるし、それを使っていい立場ではありませんよね。「ありがとうございます」と言うのは、お客を尊敬しているということもありますが、他人として待遇しているのです。「ございます」は丁寧語ですが、丁寧に言うということは、距離を保つということです。自分の子どもとか、会社の自分の部下に対してなら、「ああ、ありがとう」「ありがとうね」でいい。ところが、うちの社員よりも、もっと尊敬しなくてもいいような人、たとえばまったく関係のない隣の会社の人には、「ありがとう」とは言えないでしょう。それはやはり距離を保っているということです。

つまり、敬語というのは相手を尊敬するときにだけ使うものではないのです。自分の品位を高めるための「美化語」として使う場合や、相手との距離を保つために使う場合があるのです。たとえば、物乞いや押し売りというような尊敬する必要のない相手に対しても、「おれ、金ねえから帰れ」と言わずに、「うちには、お金がありませんから、お帰りください」などと言うでしょう。それは、押し売りを尊敬しているのではなく品位をもって相手を突き放すために言っているわけです。また、たとえば、遅くまで起きている子どもに対して、お母さんの方は「早くおやすみなさい。明日起きられないと困るでしょう」「おやすみなさい。明日は学校でしょう」などと、「〜なさい」とか「でしょう」を使って言います。ところが子どもの方は、「うるせえな、ばばぁ」「寝るよ」「いつもいつも同じこと言ってるんじゃねえよ」などと悪態をついたりして、親に対して全く敬語を使いません。これは、親は子どもをしかる場合にはきちんと威厳をもって言う、ということです。威厳というのは距離です。その距離を示すために敬語を使う、敬語にはそういう働きがあるわけです。

これは敬語ではありませんが、「はい」と「うん」も相手との距離に関係します。私はある女性の外国人留学生に、「男の人と知り合って「うん」という返事をするタイミングは考えなきゃだめだよ」と教えたことがあります。「一緒に食事に行きますか」と言われたら、「はい」と答えなさい。もし「うん」と答えたら、相手の男の人は「あ、この女性はもう自分を許しているな」と思うからです。「はい」と言えば相手と距離をおいていることを表し、「うん」と言えば相手との距離が近くなります。こういうふうに、言葉の使い方で相手との距離を調節することができます。

消える新語、残る新語

その時に流行っている言葉でも、残る言葉と消えていく言葉があります。たとえば「イマい」などという言葉は、今使ったら古いと言われますよね。「ナウい」も、もう古いでしょう？　このように、多くの新語は、ぱっと現われてぱっと消えていきます。「チョー楽しい」とか「チョー嬉しい」「チョー悲しい」というように、接頭語として「チョー」をつける言葉は残るかもしれません。これも先ほどの「ラ抜き」や「サ入れ」と似たような文法現象と言えるでしょう。「チョー」というのも、黙って聞いていているとけっこういろいろな人が使っています。接頭語というのはいろいろな語につく便利な言葉なので、簡単に流行り定着してしまいます。「〜的」「〜系」などの接尾語も残るかもしれません。

言語教育の場の消失

今、本当に家庭がだめなのです。前述の国語分科会答申にも述べられていますが、お母さんやお父さんが正しい言葉を使えない家庭、というのが大変多くなっているのです。核家族ということもある面では大きな影響を与えていると言えるでしょう。昔のように大家族であれば、古い言葉や本来の使い方を知っているおじいちゃん、おばあちゃんたちと会話をする機会が多いので、そのような言葉が自然に子どもたちに受け継がれます。しかし、お父さんやお母さんだけでは弱い。それでもお父さんやお母さんたちが子どもときちんと会話をすることができれば、まだいい。しかし実際は、両親とも仕事があって忙しく子どもとゆっくり会話ができない。家庭での言語教育の場がなくなってしまったのです。また、昔のように地域のなかで子どもが育つということも少なくなっているので、地域での言語教育にもあまり期待できません。学校でも、たとえば、国語の先生は正しい日本語を教えようとしているでしょうが、ほかの教科の先生は、そんなことを考えていない。子どもたちを取り巻く教育的な環境すべてに問題があります。そして、子どもたちは子どもたち同士だけで会話をしているので、仲間うちだけに通じる、いわゆる若者言葉があふれてくるわけですね。

「日本語」教育特区

二〇〇四年一二月に、世田谷区が「日本語」教育特区に認定されました。これは、学校の正規の教科として「国語」の時間の外に、小学校の一年から中学校の三年までの九年間一貫した教科として「日本語」を新設するというものです。この教科では、日本語と日本文化をきちんと教え、深く物事を考えて、自分の考えを表現する力をもった児童・生徒を育成することを目標としています。そのための検討委員会のまとめ役をしてほしいと、世田谷の教育長に依頼されました。趣旨を読んでみると、文化審議会で出した答申の内容に沿っています。忙しいけれども、やらせてもらうことにしました。このような「日本語」教育特区に指定されたところでは、家庭や地域も協力して、小・中学校と連携していくでしょうから期待ができます。しかし問題があります。東京都の先生には区を越えた人事異動があるのだそうです。せっかく教科「日本語」を教えることに慣れても、二、三年たつと世田谷以外の区に異動しなければならないので、また新しい先生を集めなければなりません。このような問題もありますが、それでもこの「日本語」教育特区はかなり面白い試みだと思います。問題な日本語を嘆くばかりでなく、子どもたちの言語教育のための環境を整えなければいけないと思います。

カタカナ語の氾濫

最近、カタカナ語がやたらに増えている、わからないカタカナ語が多い、などという声があります。カタカナ語は、外国から入ってきた言葉すなわち外来語や、外国語を日本語として用いるためにカタカナで書いた言葉のことです。外来語は、外国と接することがあれば必ず入ってくるものです。外来語には次のようなものがあります。

①外国から新しく入ってきた概念や、新しいものを表す言葉が、そのままカタカナ語になったもの。

②従来からあるものを、新しく外来語に言い換えたもの。

それまでになかったさまざまな概念や物が、明治の初期に外国から入ってきました。それらは日本語に翻訳されました。たとえば、西周《にしあまね》によって「フィロソフィア」が「哲学」と訳されたことは有名ですが、そのほとんどが漢語に翻訳されました。しかし、中には、①のように、カタカナ語として定着したものもあります。最近では、②のように、従来からある日本語を外来語で言い換えるものが多くなっています。

近年、そういうカタカナ語が増えています。たとえば、古い例ですが「髪形」というと丸まげを想像してしまいますが、「ヘアスタイル」というとパーマをかけているように思えます。また「旅行」に行く、というより「ツアー」に行くという方が新鮮で格好いいでしょう。それから、「あなた胴回りいくつですか?」などと言うと、いかにも古くさいですが、「ウエスト」といえばしゃれた感じがします。「胸回り」を「バスト」というのも同じです。カタカナ語には、新鮮さ、スマートさがあります。今よく使われているものでは、「動機づけ」を「モチベーション」、「発表」を「プレゼンテーション」略して「プレゼン」、お金を「貯める」ことを「プールする」、などわざわざカタカナ語にしているものがたくさんありますカタカナ語は新鮮で、スマートな感じがしますからね。

カタカナ語が増加した理由の一つに、日本社会が急速に国際化したことがあります。外国人がどんどん日本に入ってくるし、日本人もどんどん海外に出かけていきます。英語をはじめとした外国語を話せる日本人もたいへん増えていますし、テレビでは諸外国のニュースが生《なま》の形で放映されています。昔は新しく入ってきた欧米系の言葉は漢語や和語に翻訳することが多かったのですが、今ではもうあまり翻訳せずに、そのままカタカナ語で用いるため、ますます増えているのです。しかし、外国との交流がどんなに盛んになっても、外国語がどんどん入ってきても、その言葉を日本語のなかに受け入れようとする態勢が日本人の中になければカタカナ語は増えないはずです。一九九五年四月、文化庁文化部国語課が行った世論調査で「今以上に外来語や外国語が増えることをどう思うか」という質問がありました。その回答結果を見ると「多少増えてもよい」「いくら増えてもよい」という増加容認派が五七・九パーセント、「今以上には、増えない方がよい」「減る方がよい」という増加反対派は三七パーセントでした。この数字をみると、カタカナ語がどんどん増えている理由がわかるような気がします。

ですから、カタカナ語が氾濫するという状況を、悪いことだとか、憂うべきことだなどと嘆くのではなく、日本語のひとつとして正しく使うことを考えることが大切だと思います。『カタカナ語使い分け辞典』(東京堂出版、一九九六年)を作ったのも、類義のカタカナ語を集め、それらの意味・

用法の共通するところ、相違するところなどを解説した辞典があったら便利ではないだろうかと、考えたからです。

辞書はつねにオンリーワン　①元祖『全訳古語例解辞典』（小学館）

自分の書いた本は自分の考えを書いたものなので、その人にとってオンリーワンのものであることは当然です。しかし、辞書は大勢の人の協力を得て作るものなので、特色ということが非常に大事になります。「終わりよければ、すべてよし」という言葉がありますが、辞書の場合は、特に、「企画よければ、すべてよし」だと考えて、企画のために時間をかけています。私は、新しく作る辞書はアナザーワン、つまりもう一冊の本ではなく、オンリーワンつまり今までにないただ一冊の本でなければならないと考えています。ただ一冊の本でなければ、本屋さんや書斎をうるさくするだけです。それでは迷惑です。だから私は最初から一貫して（これまで二〇種以上の辞典の編纂にたずさわってきましたが）、企画には時間をかけて、オンリーワンのものを作るという主義でやってきました。

『全訳古語例解辞典』（小学館）もそうした考えから作りました。『全訳古語例解辞典』は、高校生が主たる対象の学習古語辞典ですが、用例全部に現代語訳を付けました。そのときに「使う学生たちが訳文を丸暗記してテストの答案に書いたらどうする」という意見が出ました。私は、「おおいに暗記してもらっていい。この辞書のいちばんいい訳を暗記してくれたら、もう合格点をあげてもいいではないか」と答えました。学校の試験のときに、この辞典の用例や訳文を暗記して答えるなんてすごいことですから。英和辞典などの外国語辞典には外国語の例文全部に日本語訳が付いています。古語辞典は古語が分からないから使うのであって、古語辞典の用例に訳文を付けて何が悪い、付けない方がむしろおかしい、というわけです。書名にも「全訳」という言葉を使いました。

辞典の語義解説には、たいてい基本的な意味しか書けません。しかし用例によって、実際に使われている文脈の中にその語を置いたときの意味が出てきます。たとえば「かわいい」という語でも「この犬、かわいいね」というのと、「この茶わん、かわいいね」というのと、「あのお嬢さん、かわいいね」というのとでは、少しずつ意味が違いますよね。そうした違いを用例で語らせるために、良い用例を出し、良い訳を付けることにしたわけです。そこからまた、古典の世界に入っていくこともできるのです。

用例に全部訳をつけることで、三得も四得もうまれる。この「全訳」という趣旨がいいので、売り出す前から「この古語辞典はぜったいに売れるぞ」とは思っていました。実際、よく売れました。今では「全訳」という書名をつけた古語辞典が五、六社から出ています。結局、私の古語辞典の真似ですよね。ですから『全訳古語例解辞典』の三版か四版の序文に「全訳は私の考えた固有名詞だったけれども、今や普通名詞となった。しかし、私のものが元祖全訳だ」というようなことを書きました。私が最初に作った「昭和まんじゅう」が、同じ名前でどこででも売られている。だから、「昭和まんじゅう」はもう普通名詞になってしまったというような話です。ですから私の辞書には、「元祖」を付けて「元祖全訳古語」と呼んだりしています。

辞書はつねにオンリーワン　②『日本語逆引き辞典』（大修館書店）

『日本語逆引き辞典』は『明鏡国語辞典』を編集している過程で作られたものです。国語辞典は言葉がアイウエオ順に並んでいます。「日本」なら、「日本国」「日本語」「日本晴れ」など上から読んだ音のアイウエオ順に言葉が並んでいます。しかし、たとえば「税」には、「消費税」だとか「固定資産税」、「所得税」や「地方税」などというように、「〜税」という語がたくさんありますが、これらの「〜税」は並んで出てきません。辞典には、重要不可欠な言葉が落ちていてはいけません。「税」のうちで、「消費税」はあるが、「所得税」はないというようなことがあってはなりません。ですから、言葉の下の方からも収録する項目を選定する必要があると考えたのです。日本語は下の構成部分で性質や意味が決まるというところがあります。言葉を逆の順に並べた辞書を作れば、たとえば、「税」という項目に続いて、「〜税」のように「税」で終わる言葉が全部でてきます。それから「文字」を引けば、「〜文字」が続いて出てきますし、「積極性」の「性」を引けば「〜性」という語が並んで出てきて、「ああ、〜性にはこんな言葉もあるな」ということが分かります。

この辞典はそういった実用的な面のほかに、「言葉遊び」にも使えます。詩人の谷川俊太郎さんは言葉遊びが大好きな方で、「やんま　にがした　ぐんまの　とんま　さんまを　やいて　あんまと　たべた」「なんのき　このき　このきは　ひのき　りんきに　せんき　きでやむ　あにき」という詩もありますね。その谷川さんがこの辞典をとてもほめてくださいました。たしかに、どのページを開いても言葉遊びがすぐに楽しめます。たとえば、「不倫、プリン、トランポリン」は、「不倫」も「プリン」も「トランポリン」も相互に何の関係ありませんが、「リン、リン、リン」と語尾がそろって調子がよく、「不倫して、プリンを食べながら、二人でトランポリンをやる」などというおかしな想像がふくらみます。

ところが、その後に出た岩波書店の『逆引き広辞苑』の「はじめに」に「近年、広く一般の使用を目的とした何点かの『逆引き辞典』の刊行をみたこと、それによって『逆引き辞典』の名称が定着しつつあることを喜び、その努力に敬意を表する」と書かれました。しかし従来のものはすべて既存の辞典の「逆引き索引」であって、最初から辞書として作られた「逆引き辞典」は、私のものが最初です。『週刊文春』では、この『日本語逆引き辞典』が出たときに、「平成の珍本」という見出しで紹介してくれました（『週刊文春』平成二年十一月二十九日号「コレ、何に使うの!?　平成の珍本『日本語逆引き辞典』の面白度」）。

『反対語対照語辞典』（東京堂出版、一九八九年）という辞典も作りました。今までのこの類の辞典は、「この語の反対語はこれだ」というだけのものでした。反対語の条件は二つあって、まず共通する意味をもっていること、そして、その上で、ある基準から見て、反対の意味をもっていることです。ですから基準によって、反対語は違ってきます。「兄」の反対語は「弟」だったり、「姉」だったりします。そういう関係図を入れて説明するなどの工夫もして、これまでとは違った新しいオンリーワンの『反対語対照語辞典』にしました。

究極の現代語辞典――『明鏡国語辞典』

私は、究極の『現代語辞典』を、どうしても自分の手で作りたいと思っていました。それにほぼ近いものが『明鏡国語辞典』(大修館書店、二〇〇二年)によって実現しました。『明鏡』も発刊するまでに一八年ほどかかりました。「企画よければ、すべてよし」の信念ですから、企画には長い時間をかけました。もちろん、その間にも項目を書きながら編纂方針を修正し、最後の四、五年はまさに脱兎のごとく原稿を仕上げたという感じです。辞書作りは長い時間がかかり、本当に大変です。でも、そうしなければいい辞書はできません。

辞書における解説は、その言葉のもつ基本的な意味や使い方をしっかりと説明しなければいけません。その言葉のもつ社会的な背景や文化的な意義あるいは例示的な定義などは基本な意味ではありません。ところが、こういう国語辞典があります。「女」という語について、「一人前に成熟した女性。[やさしい心根や優柔不断や決断力の乏しさがからまり存する一方で、強い粘りと包容力を持つ」」と書いてあります。しかし、［　］の中の解説はおかしい。この解説からはずれる女性はたくさんいるはずです。まあ、面白いということで買う人がいるのはいいでしょうが。

『明鏡』は、文型を踏まえて、構文の中でその言葉の意味をとらえるようにしました。この点が、これまでの国語辞典にはない大きな特長の一つだと思います。用例をこれまで以上にたくさん挙げて、用例から意味が帰納できるようにもしました。誤用、慣用、そしてどこが誤用かなぜ誤用か、についても、かなり詳しく解説するようにしました。表記についても、特にどういう漢字を当てるか、その漢字を当てるのがどういう点でいいのか、などを詳しく説明しました。『明鏡国語辞典』は使う人のためを考えて、全体的に読んで楽しく、表現と理解に役立つ、使える辞典になっていると思います。最近出した『第二版』（二〇一〇年十二月一日刊）では、これらの特長をさらに補充、強化しました。

研究のはじまりは古典語

大学の学部学生の時代には、奈良時代の『万葉集』や平安時代の『源氏物語』などの言葉の研究に興味をもっていました。この時代は文献資料が少ないのですが、資料が少なければ、かえって細密な研究ができます。万葉集の時代は、資料といえば『古事記』『日本書記』と『万葉集』くらいしかありません。平安時代なら、まとまった資料は「歌集」と『源氏物語』と「女流日記」くらいです。

『色葉字類抄《いろはじるいしょう》』(5)には、アクセントを示す声点というものが打たれています。私はこれに興味を持ち、卒業論文では、色葉字類抄の声点を中心とするアクセント史の研究をしました。学部を卒業してすぐに、東京の都立高校の教師になりました。私が卒業した年は、昭和三五年（一九六〇年）、ちょうど六〇年安保改定で学生運動が盛り上がっている時代で、「これ以上勉強してもしょうがない」というような風潮がありました。それともう一つは、家庭の事情もあって、早く勤めたほうがいいということで高校の教師になったのでした。しかし教師をやっている間に、やはりもう少し勉強がしたいという気持ちが強くなり、それで大学院に戻りました。

平安時代の文法研究

大学院でも、はじめは平安時代の文法を研究しました。言葉の規則を調べようとすると、いろいろきれいな規則が出てきます。何かを調べれば必ず新しい発見がある、という自信はありしたね。たとえば助動詞でいうと、連体形に付く「なり」と終止形につく「なり」があります。連体形に付く「なり」は〈断定〉で、終止形に付く「なり」は〈推定〉と〈伝聞〉を表すといいます。この両者には、「なりけり」の「なり」は連体形につく「なり」だとか、連体修飾をする「なる」は終止形につく「なり」だとか、係助詞「ぞ」「なむ」の結びの「なる」や係助詞「こそ」の結びの「なれ」は終止形につく「なり」だという使い分けがある。また、形容詞に付く場合、「良きなり」のように本活用の連体形に付くのは連体形につく「なり」であり、「良かるなり」「良かんなり」のように補助活用に付くのは終止形につく「なり」である。『源氏物語』などを調査してみると、こういうはっきりとした使い分けが認められるのです。このことは大学院時代に論文にして、東京大学国語国文学会の機関誌である『国語と国文学』に載せました。

能狂言から中世語に興味を

奈良時代や平安時代とは違って、資料のたくさんある中世の言葉にも興味をもち、研究をするようになりました。実は、学部学生の頃に狂言と能の稽古をしていました。狂言の師匠は、人間国宝の野村萬師(6)で、万之丞を名乗っていらっしゃった頃に教えを受けました。「二人大名」の大名や「仁王」の仁王として能舞台に立ったこともあります。後に、私が筑波大学に勤務をしていた時、萬師の次男の良介さんにサークルの師範として来てもらっていました。長男の耕介さんが亡くなったので、良介さんもたいへんな責任ができましたね。お能は、観世の分家観世寿夫師に習いました。師は「昭和の世阿弥」とまで言われた天才的な人でしたが、一九七八年（昭和五三）、六七歳のときに胃癌で亡くなりました。私が中世の研究に入るきっかけはそういうことがあったからです。『大蔵虎明本狂言集の研究』（表現社、一九七二～一九八三年）、『狂言記の研究』（勉誠社、一九八三～八五年）、『延慶本平家物語』（勉誠社、一九九〇～六年）、『狂言六義全注』（勉誠社、一九九一年）などの本をまとめました。

万葉語研究から現代語研究まで

私は言葉の法則を発見し、さらにその法則に当てはまらない例外について、どうしてそういう例外が存在するのかを追求するような研究を進めました。例外について深く考察することによって、法則がより強固なものになるということが多々ありました。しかし、研究をさらに深めるためには、研究方法を開発、改善しなければならない。それには、何といっても現代語が一番よく分かりますし、自分で内省もできます。研究方法も進んでいます。というわけで、現代語研究もはじめました。ですから、私の研究の対象は何かというと、奈良時代に始まり中世、現代までのすべての時代の言語です。ただし、方言はだめです。そして、最終的には日本語の歴史を研究したい、と思っています。

現代語を研究する場合でも、万葉から始まって平安、中世、江戸までの言語を知らなければだめだと思います。最近の現代語の研究者の中には、外国の理論などはよく勉強していますが、言葉自体については今の言葉しか押さえてないという人がいるようです。底が浅くなりますね。江戸時代の言葉を調べたことがありますか、と言いたくなりますね。室町時代の言葉を、狂言みたいに喋ってごらんなさい。「今日《こんにった》は、のどかにござるによって、野遊びにまいろうと存ずる」などと口をついて出ないでしょう。つまり、日本語の深さが分からないわけですよね。

注

（1）二〇〇五年七月二十二日「文字・活字文化振興法」として可決成立した。

（2）二〇〇三年九月〜二〇〇四年九月まで文部科学大臣として就任。

（3）「文字・活字文化振興法」（基本理念）第三条・3「学校教育においては、すべての国民が文字・活字文化の恵沢を享受することができるようにするため、その教育の課程の全体を通じて、読む力及び書く力ならびにこれらの力を基礎とする言語に関する能力の涵養に十分配慮されなければならない」

（4）「おざなり」は〈（いい加減にではあるが）一応物事をする〉、「なおざり」は〈無視してほうっておく〉という意味の違いがあり、まったく別の語です。（『問題な日本語』一〇一頁）

（5）辞書。二巻本と三巻がある。橘忠兼編。天養（一一四四〜一一四五）〜治承（一一七七〜一一八一）年間に成る。平安末期の国語を頭音により「いろは」別にし、それぞれをさらに天象から名字に至る二一部門に分けて、表記すべき漢字とその用法とを記す。鎌倉初期にこれを増補した十巻本が「伊呂波字類抄」。

（6）狂言和泉流。七世野村万蔵。芸術院会員。日本芸能実演家団体協議会会長。弟に野村万作。長男は故五世野村万之丞（本名・耕介、没後八世万蔵を追贈される）、次男は九世万蔵（本名・良介）。

日本語ブーム

昨年（二〇〇五年）も日本語ブームが続いた。嬉しいことである。私の本が売れるからではない。日本語に関心を持ち、言葉を意識する人が多くなれば、その人の言葉の力が強くなり、日本語全体も美しく豊かなものになるからである。私は、長く日本語の研究に携わってきた身であり、また、国語審議会や文化審議会国語分科会に関わってきたので、言葉の乱れには人一倍敏感であり、近時の状況には憂慮の念を禁じえない。そこで、いささかの努力をしているのである。

昨年二月二一日付の『読売新聞』朝刊の社説では、「言葉への感性を大切にしたい」という表題で、「日本語ブーム」を取り上げている。その文章は次のように始まる。

日本語ブームと言われる。筑波大学前学長の北原保雄さんの編集で、一年前に刊行された「問題な日本語」は、最近出た続編と合わせて、約九二万部のベストセラーだ。日本語をテーマにしたテレビのクイズ番組も、人気を集めている。

大新聞の社説に、名前を出してもらい、拙著やテレビ出演のことまで紹介してもらったことは、ありがたい。私は日本語ブームの仕掛人の一人であると認められているらしい。

一昨年一二月一〇日付『朝日新聞』朝刊の［be between］でも、「日本語」を特集したが、私の『問題な日本語』と『続弾　問題な日本語』で取り上げた項目の中から、「すぐに直してもらいたいと思う言葉遣い」を答えてもらうというアンケートの結果を載せている。ちなみに、第一位は「私ってすごく忘れっぽい人じゃないですか」、二位は「一〇〇〇円からお預かりします」、三位は「わたし的にはOKです」だった。

『朝日』のこの特集では、「最近日本語が乱れている最大の原因」についても聞いている。その答えの第一位はテレビである。これが断トツだが、二位、三位は、活字離れ、家庭のしつけと続く。これは、以前から私が話したり書いたりしてきたことと同じ結果だが、テレビが日本語の乱れを助長していることは多くの人が共通して感じていることなのだ。それなら、テレビを使って正しい言葉の力を強化しようではないか、ということで、テレビ番組に出演することにしたのだった。公務のかたわら毎週放送のレギュラー番組を継続するのは正直楽ではなかった。それでも約一年間は続けることができた。この間、講演の依頼が多く、雑誌や新聞の取材は週に何回もあり、一日に二回などということもしばしばだった。

昨年九月には、『日本語どっち!?』という本を刊行した。この本の出版社「金の星社」は特に児童関係の本の出版で有名だが、この社の会長斎藤雅一氏が高校時代の同級生で、同郷コンビで誕生した本である。まえがきに「小学生にもできる問題ですが、大人のほうがよくできるとはかぎりません」

と書いたが、これで児童向けの本も作ることができた。言葉の力を身につけるのは小学生の時から大切だが、家族の皆さんで一緒に楽しみながら、勉強して欲しいという思いで書いた本である。

そして昨年の暮れも迫って一二月には、『かなり役立つ日本語ドリル』『みんなで国語辞典！』（いずれも大修館書店刊）と『クイズ！　日本語王DS』（任天堂DS用ゲームソフト）を発売した。『かなり役立つ日本語ドリル』は「問題な日本語　番外」で、日本語の基本的な問題五〇〇問を八つの分野と五つのレベルに分けて系統立ててまとめたもの。「かなり」の部分は若者言葉で平板のアクセントで読んでいただきたい。（するとどういう意味になるか？）『みんなで国語辞典！』は、文字通り、みんなで作った国語辞典だ。『明鏡国語辞典　携帯版』の新装発売を記念して国語辞典に載せたい言葉を全国に募集したところ、実に一一万余の作品が寄せられた。その中から約三〇〇〇項目を選んで編集したもの。おもしろく、変で、問題な新語が満載されている。そして、『クイズ！日本語王DS』はTBSテレビの番組で取り上げた問題をもとに作成した、多数の項目をクリアしながら日本語王を目指すというDSゲームソフト。私の似顔絵がいろいろな場面に登場するという仕掛けになっている。以上の三点で、年末年始を出発点として、さらに日本語学習熱が盛り上がることを期待している。

今年（二〇〇六年）も書籍、テレビともに計画が進められている。日本語ブームは継続させたいし、継続させなければならない。頑張りたいと思う。

広告と言葉

ＫＹ語の映し出す時代

先般、『ＫＹ式日本語』（大修館書店、二〇〇八年刊）という本を刊行したが、この本に収めたＫＹ語（ローマ字略語）は、一般公募とインターネットの実例に基づいて編集したものだ。ＫＹ語にはいまの時代が見事に映し出されていると痛感した。

まずＫＹ語の発生と流行の背景の一つに、ＩＴ化の流れがある。パソコンのローマ字入力によって、いまや日本語をローマ字で書くというよりも打つことが私たちの日常の一部にまでなっている。

また、携帯電話の普及にともない、若者の間では「家電《いえでん》（家庭に設置してある固定電話）」をはじめとする、電話関係の新語が次々と生み出された。その延長上で「ＨＤ（暇だから電話する）」「ＵＤ（ウザい電話）」といったＫＹ語や、メールで使う「ＷＨ（話題変更）」という言葉が作られた。従来、電話と言えば固定電話に決まっていた。それが携帯電話の出現により、区別しなければならなくなった。また、携帯電話のメールやインターネットの普及で、「ＡＭ（後でまたね）」といった言葉も生まれてきた。

さらに、KY語には〝深入りされたくないけれども、いつもつるんでいたい〟という若者気質も投影されている。「KY」を筆頭に「NW（ノリ悪い）」「IW（意味わかんない）」「KZ（絡みづらい）」といったコミュニケーション関係の言葉に顕著に表れている。

ただ、KY語自体は決して今に始まったものではない。戦前の旧日本海軍でも「MMK（モテてモテて困る）」「FFK（フラれてフラれて帰る）」「BC（無料〈ABCのBCをイロハに当てはめると、ロハとなることから〉）」といった言葉が使われていた。

KY語は狭い仲間うちでしか通用しない言葉で、一種の隠語である。こういう隠語は昔からあった。例えば、森鷗外の『雁』には、東大の医学生たちが「俺のメッチェン」などと言っているところが出てくる。「メッチェン」はドイツ語で女の子という意味だ。島根県松江市郊外には、旧制松江高校（現島根大学）の学生が「メッチェン山」と呼んでいた山がある。仏様の寝ている姿に見えるところから、市民は「寝仏山」と呼んでいる山だ。仲間うちでしか通じない言葉を使うことで、ある種の特権意識と仲間意識を共有しているわけだ。その感覚は『うちらJK（女子高生）よ』と名乗る、今の女子高生たちにも共通している。

書名でも売れる

印象に残る広告でまず思い浮かぶのは、一九六七年頃の「カステラ一番、電話は二番、三時のおやつは文明堂」というCMである。生まれたばかりの長男が、この広告が流れると喜んだものだから、どこのテレビ局で何時に流れるのか、文明堂さんに問い合わせの電話をした思い出がある。数字をうまく織り込んだ広告コピーだ。

最近のものでは、三年前（二〇〇六年一月）に『問題な日本語』『明鏡国語辞典』など、私の編著四冊を一緒に紹介した新聞広告「日本語が、大問題。」（大修館書店）が第一〇回読売出版広告賞の大賞をいただいた。全一五段の広告で、本の装丁と同じく白と赤を基調にした、シンプルながら印象的で、ユーモラスな雰囲気が盛り込まれたものだ。

選考委員長の井上ひさしさんからは、「編者と編集部の努力の結晶に利用者が参加する。つまりこの三者が時間をかけてできた辞書と書物なので、その広告にも誇りが満ちている。ハデなようだが、浮ついてはいない。三者が共有した珠玉の時間を巧みに織り込んだ堂々たる作品である」という、お褒めの言葉をいただいた。嬉しかった。

私は本のタイトルを考えるのが好きで、手がけた本の書名の多くを自分でつけてきた。『問題な日本語』も初め、編集者が「どこがおかしい？何がおかしい」というような長いタイトルを提案してきた。冗長でインパクトに欠けるなと思い、『問題の日本語』という簡明な書名を考え、さらに〃の〃を〃な〃に変えたのだ。

そもそも『問題な日本語』というタイトルは、問題のある日本語である。《浮気の相手》と《浮気な相手》では意味が違ってくる。《浮気の相手》は自分が浮気をしている相手、《浮気な相手》は自分の相手（浮気の相手とは限らない）が浮気性だということだ。「下手の長談義」と「下手な長談義」もずい分意味が違う。〃の〃と〃な〃の違いだけで言葉の意味が大きく変わってくる。

本来〃の〃は「ニュースの時間」「埼玉の人」など実体を表すものにつき、〃な〃は「静かな時間」「きれいな人」など性質や情態を表すものにつくという使い分けがあった。〃な〃は「ニュース」や「埼玉」のような名詞につくことはなかった。ところが、最近は、「ニュースな人」「埼玉な人」のように、本来は〃の〃がつくものに〃な〃がつくように〃な〃の使用が拡大している。その流れに乗ったわけではないが、ちょっとひねって「問題の」を「問題な」に変えたら、目をとめてもらえるのではないかと考えたのだ。間違いであることを承知でやっていることの言い訳ができるように、タイトルの「な」の文字は色を変え、少し傾けてある。

広告のキャッチフレーズも同じだと思うが、本のタイトルにも意外性や少々の違和感などの〃ひっかかり〃が必要だと私は思っている。「問題な」としたことで、多くの人に注目してもらえたようで、天野祐吉さんはあるテレビ番組で、「この書名で三万部は売れた」と言ってくださった。あるベテラン編集者にそのことを話したら、「いや、三〇万部でしょう」と言われた。

品物とコピーが一体となって言葉は力を持つ

これまで二〇種を越える辞典の編纂に携わってきたが、既にある多数の辞典にもう一冊を加えるのでなく、今までにないただ一つの辞典を創るということを一貫した信念としてきた。

例えば『全訳古語例解辞典』という書名。今は類書がたくさん出回り、『全訳』は一般的なものになってしまったが、一九八七年の刊行当時、古典の用例文の全てに現代語訳をつけたものは他になかった。それで私は書名に『全訳』とつけたのである。九〇年の刊行時、非常に反響の大きかった『日本語逆引き辞典』の『逆引き』も同様だ。

つまり本のタイトルの奥には、その本や辞典自体がもつ〝新しさ〟や〝切り口〟があるということだ。広告も同じだろうが、キャッチフレーズだけが上滑りしても、言葉は力を持つことができない。タイトルや広告コピーと内容が一体となって、相手に新しさを感じてもらえたとき、初めて手にとってもらえるのではないかと思う。

言葉を作り発信する立場の人間は、日本語の正しい使い方を理解したうえで十分に計算をし、言葉の使い方をずらしてみたり、新しい言葉を考え出したりする工夫が必要であると思う。そして、その言葉が日本語を壊していないか、もう一度見直す作業が大切である。

広告の現場からも日々、新しい言葉が生み出されていることと思う。私自身、言葉遊びは好きだし、そうした点を踏まえたうえで、「RD（落差が醍醐味）」の広告の新しい言葉と出会えることを楽しみにしている。

日本語の研究五〇年

日本語の研究に関心を持ちはじめてから五〇年以上が経つ。振り返ってみると、遙かに来つるものかなの感が深い。

チョムスキー（Noam Chomsky）の理論が入ってきたのは私の二〇歳代のころだった。太田朗教授の大学院のゼミでASPECTS OF THE THEORY OF SYNTAX（1965）を読み、その新鮮さに驚かされ、新理論に多くのことを学んだ。たとえば、「acceptable という概念は、grammatical と混同されてはならない。acceptability は、言語運用の研究に属する概念であり、他方、grammaticalness は、言語能力の研究に属する概念である」という説明である。acceptability（受容可能性）には程度があり、grammaticalness（文法性）にも程度がある。しかし両者の尺度は一致しない。grammaticalness は acceptability を決定する多くの要因の一つでしかない。今でこそ何でもない考え方だが、当時としてはまさに画期的で新鮮なものだった。こういう概念の整理のし方はそれまでの日本語研究には存在しなかった。

大いに触発され影響も受けたが、私の興味はやはり普遍文法よりも個別文法、変形文法よりも表層文法にあった。日本語の現実（表層）から日本語のルールをいかにして抽象するかに関心があった。古代語を中心に文の構造を解明することに興味があった。

月刊『言語』（大修館書店刊）一九八二年一〇月号の「言語学者との一時間」に取り上げてもらっているが（本書八八ページ以下に「飛び石的な研究」と改題して掲載）、その頃が最も張り切っていた時期のようだ。「学問飛び石論」などという自説を開陳しているが、私は、いろいろな時代の日本語、さまざまな研究分野や研究方法に興味を持ち、日本語を広く深く究めたいと思っていた。事実、その頃、虎明本狂言集の注釈書や敬語の論集、現代語の文法など、飛び石的に業績をまとめていたし、学位論文『日本語助動詞の研究』も古代語と現代語を包括するものだった。

たとえば古代語の文の構造を研究する場合においても、現代語の研究方法や外国の新理論を取り入れるべきである。一つの狭い分野だけに留まっていないで、いろいろな分野の研究も手がける。年を取ってから、新しい分野に挑戦しようとしても、怖くて手が出せないだろう。若いうちに、さまざまな分野を飛び石的に研究するのがいい。そんな考えを持っていた。

当時、日本語そのものを深く研究するのではなく、外国の理論に日本語を当てはめて考えようとする風潮が出はじめていた。そのことに対する批判もあったが、私自身が日本語を多角的に総合的に研究したいと考えていたのである。

結果として、飛び石ほどに多くはないが、歴史的には万葉集、源氏物語、平家物語、狂言、江戸笑話、現代語など、ほとんどすべての時代の言語を対象としたし、研究分野も文法、語法を中心に音韻、語彙、敬語などに及んだ。

『駱駝』（小学館）の創刊二号（二〇〇五年八・九月号）の巻頭エッセイに「二足の草鞋を生きる」を書いた（本書九六ページ以下に掲載）。これは、研究者としての草鞋と管理者としての草鞋を履いて生きていることを述べたもので、当時私は筑波大学長を満期退任して、日本学生支援機構理事長の任にあった。大学勤務時代の後半から、機構退任後の現在に至るまで二足の草鞋を履き続けてきた。

研究のことを考えると管理職に就いたことは大きなマイナスだった。やりたい研究がたくさんある。しかし、時間がない。三日続けて机に向かうことがあると無性に続けたくなる。自分はやはり研究が好きなんだなあ、自分には研究の方が向いているんだなあ、としみじみ思ったことが何度もあった。しかし、管理運営の仕事も引き受けた以上疎かにできない。続けているうちに楽しく感じることも出てくる。また、一研究者であったらできないような多くの経験をしたし、仕事もできた。

このように、生き方自体が二足の草鞋を履いたものになったが、日本語の研究においても、大きく分けると、日本語史と日本語文法理論の二足の草鞋の道を歩んできたことになる。

言葉は語句を珠にたとえると、それが数珠のようにつながって出来ている。そのつながり方の決まりが文法であり、語句がまとまりとして存在する、そのまとまりが語彙である。文法研究とともに語彙研究にも興味があり、若いときから、辞書編纂に関わってきた。中田祝夫先生のお手伝いというのがきっかけだったが、『古語大辞典』『全訳古語例解辞典』を若いころに上梓、比較的最近では『日本国語大辞典第二版』『明鏡国語辞典』を刊行するなど、辞書編纂はライフワークになっている。

また最近では、言葉の乱れや新語の氾濫が気になり、『問題な日本語』『みんなで国語辞典！』『KY式日本語』『あふれる新語』などをまとめた。

若いときに考えた「学問飛び石論」、それに近い道を歩んできたような気がする。

飛び石的な研究

この文章は、久保田美昭さんによるインタビュー記事であり、「言語学者の一時間」として、月刊『言語』（大修館書店一九八二年一〇月号）に掲載されたものである。したがって、私の書いたものではないが、「日本語の研究五〇年」（本書八四頁以下）の参考として掲載させていただいた。また、題名も新しく付けた。

言語学にとって美は存在するか

「ことばの材料を分析して整理し、解釈すると何かが見えてくる。――これは楽しいことです。真理を求めるのは、やはり美を求めること。結果が美しくないと……」

北原博士は美しい声でこう語った。以前、テノールの五十嵐喜芳さんと対談をしたことがあるが、とても似ている。すると、北原さんが歌をうたうと、音域はテノールということになるのだろうか。

一昔前、芸術作品批評の基準に「真・善・美」が用いられ、言語学者I・A・リチャーズの『文芸批評の原理』にもそれが出て来る。弱年の頃、私は文学の基準を「嘘・悪・醜」に置いたりしていたが、今は北原さんの言葉が心に沁みるのである。学問・研究・真理にも美がなければならない。

特に言語学には美が求められる。

「それでなければ、何のためにやってるかという事になってしまう。言語学でも、重箱のスミをつついて、研究のための研究、論文のための論文ではだめです。〈これは見えた！〉が出て来る。そこが学問の楽しさです」

北原さんは昭和一一年生れ、少壮の学者である。昨年博士号を取られ、論文は『日本語助動詞の研究』（大修館）として本になった。その他『日本語の文法』（中央公論社）、『日本語文法論術語索引』（編）『日本文法事典』（共編、ともに有精堂）など、これが去年から今年にかけて出版された。脂がのっている時である。そういう人が、テノールで言語学の美を説くのだから、非常に説得力がある。

恩師その他

北原さんは東京教育大学の文学部文学科・国語学国文学専攻、大学院は日本文学専攻、修士論文は「国語構文の歴史的研究」。この論文は各章がそれぞれモノグラフとして雑誌に発表された。『「なり」と「見ゆ」』『「らん」「らし」の成立』『連体なりと終止なり』など。恩師に佐伯梅友、中田祝夫、馬淵和夫の諸先生。

「馬淵先生は温厚な方で、先生を静とすると、中田先生は動、こわい先生でした。非常に学問の力のある方で、会話などでも、生半可な返事はだめ。いつ真剣で斬られるか分らないという緊張感がありました。ただし、私ども教育大の学風は、教授・助教授・助手という序列の枠から離れて、学問の上では対等でしたから、こわいというのは学問上の事だけで、非常に自由に伸び伸びとした修業時代が過ごせました」

――北原さんの『日本語の文法』を拝読すると、国語学系と日本語学系の中間に位置する文法という気がしますが……

「国語学には、日本にいて、日本人だから出来る、分るというニュアンスがあります。私は、客観的な日本語の研究――日本語学の立場を貫きたいです。『日本語の文法』では先人の業績や論を踏まえて分析した上で、付け足すものがあれば、自分の論を述べるという方法をとってます。大学院時代に、五年間、太田朗先生の「英語学」の講義に出席して、チョムスキーのものなども読みました。今も学生たちと、一般言語学の論文などを読みます。そういうことが、国語学的立場だけからではない日本語の文法を構築するのに役立っているのでしょうか」

北原文法は、日本語を教える立場からすると、有益な構文論のモデルである。日本語教育に携っている人の必読の文法になりそうな気配がある。

北原さんが、八月中旬から台湾で持つ夏季集中講義では、テキストにこの『日本語の文法』を使用するよう要請があったという。

たとえば、朝日カルチャーセンターの日本語教師養成講座などで、北原さん自身がこのテキストで講義される事があったら、私もぜひ聴講したいものである。

学問飛び石論について

「私は前々から、学問飛び石論あるいは学問浮気論というものを提唱していまして……それは、若い時から学問のひとつの狭い分野に入り込んでしまわないで、色々な分野——たとえば日本語なら古いとこも新しいとこもやってみる。四〇歳位まで色々やってみる。年取ってからでは、新しいものは怖くて出来なくなりますから……そうしておいて、自分がほんとにやりたい研究を完成させる」

北原さんの古いものの研究には『大蔵虎明本狂言集の研究』『きのふはけふの物語研究及び総索引』などがある。

「助動詞の研究をしているうちに、どうしてもシンタックスが絡んでくる。自分自身の文法をどう構築すればよいかが問題になって来た。つまり、料理の材料は揃った。なにを料理するかは見えてきた。すると、もうひとつ庖丁の種類とか、庖丁の切れ味とかが問題になってくる。自分が今使っている言葉（現代語）、それ（現代語）を他の人が論じている事を勉強して、庖丁を研ごうと思いまして、それで現代語に下って来たんですね。古い方がむしろ興味がある。しかし、さし当ってこちら（現代語）を考えてみようと思っているのが現在の状態でして……ちょっと長くなっちゃって、もう少し早く上（代）へ帰らなければならないのですが。ですから、今の若い人は、先生は古い方もおやりになるんですか、なんて。最近、書くものは現代語が多いので……」

北原さんの学問飛び石論が、北原文法という有効なモデルを生み出したことになる。

これからの仕事

ここ当分は、北原さんの豊穰の秋《とき》は続きそうである。

「まず助動詞の各論篇を書きたい。歴史的な捉え方で。助動詞は奈良・平安のものが一番面白いですね。それに奈良時代のものや、源氏物語の語法などの分析を、新らしい手法で。また今年は〈狂言〉の年になりそうです。大蔵虎明本狂言集の研究をあと一冊と、それの索引を、内容別に区切って八冊本で出します。もうひとつは、『狂言記』の研究。これは、大蔵本よりちょっと新しいものです。大蔵本は、大蔵家伝承の狂言を、虎明などがいわば台本化したものですが、『狂言記』の方は、作者不詳の版本で、狂言を読む本として、初めて売るために作ったものです。もとになった狂言の素性がはっきりしないために等閑視されてきたのですが、明治大正に逆もどりして、狂言記の重要性にスポットを当てます。テキストの影印と翻刻、それに索引を付けて出します」

――現代日本語の方はいかがですか？

「シンタックスの方は大体書きましたから、今後は各論、品詞論など。文法はやはり面白いですから、とてもやめられない」

北原さんは、若い頃理数系に進むことも考えた。理数系も基礎的研究の方向で、しかし文科系を選び言語研究を選んだ。外国語にしようか、日本語にしようか考え、日本語ならどんな事があってもなくならないだろうという事で、日本語＝国語にしたのだという。文法が面白くてやめられない、というところに理数的頭脳の反映が見られ、日本語ならどんな事があってもなくならないだろうと考えるところに、あの戦後世代の物の考え方の反映が見られるのである。

日本語と国語学

日本語を外国人に教えるということは、まことに実際的なことで、教えた相手が日本語を使えるようにならなければ、何にもならない。従って、日本語学の方は、論に深入りしない傾向がある。一方、国語学の方は、実学から遠く、細分化された論に深入りする傾向があるようだ。日本語教育では、現代語を共時的に取扱うため、古い日本語から現代までのタテの線に、私などは自信がない。

「この頃では、国語学の方でもそうですね。現代語しかやらない人も多くなってます。学問飛び石論ではありませんが、国語学をやる人も古いものから新しいものまでやってほしいと思います。通時的といい共時的といっても、押さえているのはひとりの人ですから。外国語を専門にして現代日本語に取り組む人と比べて、国語専門の人が持つ利点は、日本語を通時的にも捉え得ることではないでしょうか。その上で、内なる国語としてではなく、客観的な言語として日本語を考えることが大切ですね」

この北原さんの考えは『日本語助動詞の研究』『日本語の文法』に明瞭な形をとって現れている。この二書について、南不二男さんが、簡潔で適切な案内をしている。

《これ（助動詞研究）は北原の年来の助動詞研究の集大成である。……北原の基本的な立場がもっともよく現れているのは、本編である。すなわち、助動詞をそれだけ切りはなして考察の対象にするというのではなくて、文の構造中の要素としてその性格を分析しようとするのである。述語の部分における各種助動詞の承接上の位置と、主語その他述語以外の諸成分の並び方（語順）とをつき合わせ、それらの間の呼応関係に基づいて文の構造にいくつかの層（段階）を認めるところに特色がある。この本は書名は助動詞の研究だが、北原の日本語シンタックスの本とみなしてもよいものだと思う。…中略…その（日本語の文法の）中心をなすのは、すぐ前に紹介した文の構造を重層的なものとして把握しようとする見方である。…中略…伝統的な国文法の立場に立ちながら新しい見方（文構造の重層観）を提示した概説書が出たことを筆者は喜ぶものである》（『国語学』一二九号）

日本語教育の立場からすると、なかなか、より所となる日本文法はないのである。たとえば故・森有正氏は、西欧風の文法の概念からいえば、日本語の文法はたいそう異なると断わりながら、学校口語文法をフランス語で解説したのであった。——その意味で、品詞論その他の部分が完備されたら、北原文法は有力なより所になると思われる。

松下大三郎の先見性について

北原さんは恩師の馬淵和夫博士退官記念『国語学論集』（大修館）に、「松下大三郎の先見性」という論文と、「あとがき」を書いている。（「あとがき」は恩師への敬愛の情がしみじみと伝わる名文である）。

「私の文法は、時枝・渡辺文法を基に論を展開させていますが、自分の文法が出来たところで、松下さんのものを見ると、いいこと言ってるんですね。松下さんはアイディアマンで、和文タイプを作ったり、『国歌大観』という便利な和歌の索引を作ったりもしていますが、松下文法は大したものです。山田孝雄と松下大三郎が盛んに文法の論文を発表したあの時代は、大文法家の時代と言えますね。松下さんの文法には、今でいうユニバーサル・グラマーの萌芽もあって、ソシュール、時枝、チョムスキーなどの論と同じようなものが見られます。先を見こしていた人なんですね。松下さんの本は、ほとんど復刻で手に入るようになりましたから、若い学徒に読むことを薦めます。テクニカル・タームがやや特殊ですが、馴れればそう読むのに困難ではありません。思うに、自然科学の分野とは違って、人文科学では、古いところにいいものがありますねえ」

さて、北原文法の成立と完成を機《しお》に、検討と論議が豊かに行われ、大文法家の時代の再来を見ることができるだろうか。楽しみにしたい。

二足の草鞋を生きる

「日本学生支援機構」、と聞いてもどんな組織かご存じない方が多いだろう。私はそこの初代理事長を務めて一年ほどになる。つまり機構そのものも、生まれたてだ。

日本語の研究者として長年過ごしていたのが、退官の十数年前から、大学の管理運営の仕事も担うことになり、そこから「二足の草鞋」人生が始まってしまった。望まれれば嫌がらずに引き受け、引き受けた以上は充実したものにしたい、楽しみながら務めたいと考えるたちなので、この機構の仕事には多忙ながらも満足を感じている。

けれども、日本語の研究はもっと面白い。私は三日間、机に向かっていると本当に幸せな気分になる。とくに三日目は調子が乗ってきて、気分は最高になる。現代の日本語をさまざまな面から解説した『明鏡国語辞典』（大修館書店）は、そのような仕事から生まれたもので、その縁でさらに『問題な日本語』（同）も刊行することができた。

近年よく耳にする「コーヒーのほうお持ちしました」や「ご注文は以上でよろしかったでしょうか」といった、気になる言葉、違和感のある言葉を採集し、どうしてそういう表現が生まれるのか、なぜ誤用してしまうのかを究明した本だ。誤用を糾弾するのが目的ではなく、「誤用の論理」を明らかにしたいというのが私の本意である。だが、困ったことに、私を問題の日本語の容認派だと勘違いする人もおられるようだ。文化審議会国語分科会の元会長の身としては、複雑な思いだ。とはいえ私は、言葉というものは時代とともに変化していくものであり、人はその変化を止めることはできないと思っている。

さて、冒頭に紹介した、私のもう一足の草鞋について触れなくてはなるまい。独立行政法人である「日本学生支援機構」の事業は次の三つである。奨学金の貸与、留学生の支援、学生生活の支援。ここでいう学生とは、国・公・私立の大学等に在籍する日本人学生と外国人留学生のすべてである。豊かになった現代、彼らの中に経済的な支援が必要な者などいるのか、と訝《いぶか》る人もいるかもしれない。しかし、日本社会の階層化、貧富の差の拡大はここ四、五年、学生たちに大きな影を落としてきている。機構の基本理念は、教育の機会均等のためのサービスである。学生たちが自分のお金で（奨学金は貸与されるもので、将来返還しなければならない）自立し、勉学を続けるのを支援することは、相変わらず必要なことなのだ。

三日間も机に向かっていることなど、当分できそうにない、〝二足の草鞋〟生活である。

言葉のきまりに魅せられて

もともとは、「理系人間」でした。現役での大学受験は応用化学を専攻する分野でした。当時は、ビニールやナイロンに注目が集まっていた時期で、すぐには切れないビニールやナイロンを開発できたらこれは面白いことになると、志したのです。ところが、思いを果たせず、浪人生活に入ります。その間、いろいろなことを考えました。大学に関する情報が少ない時代だったこともあり、大学では、高校までの延長のようなものをやろうと、実利に結び付く実学には目が向きませんでした。

理系で研究職に就いたとしても、世界一になれるだろうか。これは難しいと思いました。では文系ではどうか。文系でやるなら英語か日本語、英語は世界が相手だ、では日本語をやろう。そんな気持ちで、日本語日本文学専攻を選びました。日本語専攻と日本文学専攻はまったく違います。多くの人は日本文学を選びますが、自分にはどうも、文学センスが必要なこの専攻が向いているとは思えませんでした。そこで、言葉の法則を発見する楽しみのある日本語学、当時の国語学の道を歩み始めたのでした。

言葉には決まりがあります。決まりがあるから、話したり書いたり、あるいは聞き取ったり、読んで理解したりすることができるのです。日本語のさまざまな例を集めて、帰納して規則性を発見し、それが、さらに他の例に当てはまることを確認する。そうした「真理の発見」「言葉のきまりの美しさの発見」とでもいう学問が国語学です。発見したルールを発表し、賛同してもらう。これは学問・研究する者のみが味わえる至上の喜びです。こうした喜びと出会って、日本語学を続けてきました。

若い人たちの中には、なぜ、日本語の文法を学ばなければならないのかという疑問を持つ人がいるかもしれません。確かに、何の役に立つかと言えば、実利的な意味ですぐに役に立つわけではありません。

しかし、文法は、「文系の数学」だと言われます。論理性を伸ばす上で有効な分野です。例えば、「出れる」という言い方がなぜ間違っているか考えてみましょう。『ら』抜きだから」では論理も何もありません。そうではなく、少し、文法を知っていれば、助動詞には「れる」と「られる」があり、「出る」には「られる」を付けなければならないのに「れる」が付いているからだ、と説明することができるでしょう。

このように、どのような言い方が正しいか判断する際に、文法が役に立つわけです。文法を学び、言葉の規則性が理解できたときは、数学の問題が解けたときと同様の感動があります。

III　国語辞典と私

国語辞書の編纂

最初の編纂は小学館『古語大辞典』

――初めて手掛けた辞典類は何でしたか

これまでに手掛けた辞典類は、表紙に名前の出ているものだけで二〇点を超えますが、最初に編纂に参加したのは、私の恩師をリーダーとする小学館の『古語大辞典』でした。この編纂は私が二七歳のころに始まり、二〇年以上かかって完成しました。

それから、やはり小学館が出した日本最大の国語辞典である『日本国語大辞典』。初版の時はちょうど『古語大辞典』の編纂と時期が重なり参加しませんでしたが、第二版では参加しました。

――どんな出版社と仕事をしましたか

小学館、大修館書店、勉誠社（現・勉誠出版）、平凡社、東京堂出版、三省堂、有精堂、岩波書店、教育出版、明治書院、文藝春秋、三笠書房、朝倉書店、金の星社などたくさんあります。私は大学の教員をしていましたが、大学よりも神保町の方が明るいぐらいです。

専門の縦の文法から横の語彙の研究へ

――どのような考えで辞典の編纂を続けてきたのですか

私は文法と語彙の研究を二本柱として研究を進めてきました。文法はいわゆる主語、目的語、述語などが並ぶ縦の関係ですが、主語に入る語には「私は」「僕は」「俺は」などといった横の関係があります。文法という縦の構造があって、そこに横に広がる語彙の中から語を選んで当てはめて文ができるわけです。

私の専門は縦の文法の研究が中心でしたが、横の語彙の研究も大事だと考え、辞書編纂に深入りし、ライフワークとなってしまいました。

『問題な日本語』は『明鏡』の特集版

――大ヒットした『問題な日本語』や『ＫＹ式日本語』など、辞典ではない企画も出していますね

言葉には「規範」と「現実」があります。辞典は第一にこれが正しいという拠り所、つまり「規範」を示すものですが、現実の言葉はそんなに「規範」通りになってはいません。ですから、あるべき「規範」だけでなく、ありのままの現状を「記述」する必要もあります。

実際に使われている言葉をみると、例えば若い人が「なにげなく」と言うところを「なにげに」と言っています。もしかしたら、「なにげなく」という言葉を知らずに「なにげに」を使っている人もいるかもしれません。

そうであれば、「なにげに」について、本来からすれば誤りであるということを示し、なぜ「なにげに」という言い方が出てきたのかを説明する必要があります。

『明鏡国語辞典』（大修館書店刊）を作るときに、もちろん「規範」はしっかりと説明した上で、「記述」的な立場も入れなければ、実際に生きている言葉を知ろうとしている人にとって役に立つ辞典にならないと考えました。

辞書を引く皆さんは、「規範」に沿わない言葉が正しいのかどうかを調べたいわけですから、そうした言葉の実態や、誤用の論理（どうしてそういう誤りが生じたかという筋みち）などを説明しなければ要望に応えられません。そのことを『明鏡』の特徴にしたのです。

そして、携帯版の刊行を記念して、全国の先生方から語形そのものが変な言葉や使われ方が変な言葉、つまり「気になる日本語」を指摘してもらい、解説した無料のパンフレットを作成しました。それが大変好評だったので、収録する言葉を増やして一冊の本にしたのが『問題な日本語』です。『明鏡』の方針の一つを特集版にしたような企画なのです。

「誤用」も「正用」になる

――現実の言葉を大事にするということですか

本来は誤用でも、多くの人が使うようになると、「正用」として認められるようになるということがあります。

例えば、私はよく学校の先生を対象とした講演などで、ワ行の「ヲ」をどう書くかを聞きます。正しくは（本来は）「ニ」を書いて「ノ」を書くのですが、最近の先生には「フ」を書いて「一」を入れる方が多くなっています。

しかし、もっと古くはまた違う書き方をしていましたから、「ニ」「ノ」と書いたら間違いでした。そして、今は多くの人が「フ」「一」と書きますから、この書き方が間違いとは言い切れない状況になっています。

結局、「規範」は多数決なのです。変わっていくものもあるわけです。

「誤用」の現状を認めて役立つ辞典に

――変わるのが当然であるということですか

私のことを誤用の容認派のように誤解する人もいるようですが、そうではありません。

多くの人が誤って使っている言葉が、どのような論理、筋みちで誤用されるようになったのか、私はそれを「誤用の論理」と呼んでいますが、その論理を説明したいと考えているのです。決して誤用を肯定しているわけではありません。ただ、現状を認めたうえで解説しなければ、役に立つ辞典は作れないという考えです。

――こうしたお仕事が結果として、人々の日本語への関心を高めたのではないでしょうか

新聞で私が日本語ブームのきっかけを作ったと書いてもらったこともありますが、もし本当にそんなことができたのだとしたら、大変幸せです。

日本語ブームというのは、日本語に関心と興味を持つ人が増えたということであって、関心を持てば、日本語を愛し、大切にし、育てようとすることになってゆくので、皆さんが言葉に関心を持つことはとてもよいことです。

もっと言葉を中心に…

――そのことで、テレビにもずいぶん出演されていますね

テレビに出るのは、テレビに責任をとってもらおうと考えたためです。テレビが言葉を悪くしました。その落とし前をつけてもらうためにと思って出演しましたが、やっぱり難しいですね。

テレビ、特に民放には「面白くなければダメだ」ということがあって、どうしても面白おかしい

話が求められます。言葉で伝えるのですから、もう少し言葉を重視し、言葉を中心にした番組を作ってほしいと思います。

——いまの子どもは、本より先にテレビやネットと出会いますね

今は新語が溢れています。テレビがそういう新語を流通させていますが、インターネットや携帯電話の普及といった今までにない環境の中で、子どもたちが自分の存在を主張するかのように新語を造っています。若者は言葉をいじるのが好きで、昔も新語は作られましたが、今ほどひどくはなかったですね。

新語を作る前に言葉の学習を

——よい環境ではないとお考えですか

大人の世界がしっかりしなければいけません。子どもが言葉の主導権を握っているようではダメです。文化は継承するものです。子どもが持っている語彙量は貧弱なのに、新しい言葉を作っても、本当の創造とはいえません。

自分で言葉を作って楽しむことよりも、現に存在している言葉をもっと学び覚えるようにしなければなりません。人の話を聞いたり、本を読むことなどで、もっと語彙の量を豊かにする必要があります。

それを実践すべき、家庭教育、学校教育、社会教育のどれもが劣化していることが心配です。

——教育に求められていることは何ですか

大切なのは、異分野の人との会話ができるかどうかです。仲間内ではあまり言葉は必要ありませんが、異分野、異世代の人とコミュニケートするときに言葉が大切になります。

現代社会においては、地域社会が劣化しているので、子どもが出会う最初の異分野、異世代の人間は教師です。

今の教師は近所の大人の人の役も果たさなければならないのですから、子どもと同じレベルにならずに、敬語を使うなどして距離を置いた言葉遣いをするぐらいの教育的配慮がなければならないと思います。

——国語の授業を増やせばよいということではないのですね

国語の授業時数を増やすことは必要です。新学習指導要領では、全教科に言語活動の充実を盛り込みました。これはとても重要なことです。

——本や新聞の活用が必要ですか

子どもはもっと活字を読まなければならないと思います。言葉の基盤は書き言葉です。話し言葉は話したあとから消えるので安定性がありません。しっかりした書き言葉の世界が基盤にあって、その上に話し言葉があるのです。

書き言葉は、書く側もしっかり推敲して書きますし、読む側も線を引いたり、繰り返し読んだりすることができます。しかし、今はその書き言葉の世界が貧弱になっています。それが大きな問題です。メールなどで文字を書く機会が増えたといわれますが、メールは話し言葉を文字化しただけのものです。何とかして書き言葉の比重を大きくしなければならないと思います。

紙の辞書では目的の言葉以外と出会える

――電子辞書などはいかがですか

電子辞書は、便利さからいえば優れものですが、やはり最初はまず紙の辞書を使うべきだと思います。

ページをめくって、目的の言葉以外にもこれだけ多くの言葉があるということを感じつつ引く、という過程を経ることが大事だと思います。

――小学生の辞書引き学習などはどうですか

どんな学習活動が展開されているのか、詳しいことは知りませんが、子どもが自分で辞書を引く習慣を身につけて、分からない言葉を自主的に自分で調べるようになるというのは素晴らしいことです。やはり辞書と最初に接するのは、紙をめくって引くということであってほしいですね。

――書店が減っていることで、地域社会で活字に触れる機会が減っているようにも思いますが書店にいろいろな本がたくさん並んでいるのはありがたいですね。棚を見ているだけで幸せな気持ちになります。書店は大切だと思います。

――これからの出版産業の課題をどのようにご覧になっていますか

これからは電子媒体にどう対処するかが課題だと思います。電子辞書などはロイヤリティーの問題などもあり、出版社が自分たちの力で電子化のシステムを作ることも考えなくてはならなくなるのではないでしょうか。出版社が主体性を持って進めていくということです。

膨大な時間とお金をかけて作る辞書などは、出版社がよいコンテンツを作れば、最終的に出版して利益を生み出せることが予想できたからできたのです。その採算が合わなければ、そうした企画を立ち上げることはできません。

そういう意味で、これからいろいろな事態が生じると思いますが、出版関係者にはしっかり対策を練っていただきたいと思っています。

――ありがとうございました。

『日本国語大辞典　第二版』に寄せて

大辞典の存在意義

言葉、文化、習慣などには過去があり、現在があって、未来がある。豊かな過去を持った文化には厚みがある。言葉も同様に、現在新しく使われ出した言葉だけでなく、古い言葉、昔使われて今は使われなくなっている言葉、昔も使われ今もまだ使われている言葉などがあり、それらは、それぞれに大事にしなければならない文化である。その文化を守るためには、古来よりずっと続いてきた日本語を、しっかりと収めておくものが必要となってくる。それが辞典である。

辞典には、現在及び過去の言葉のコレクションとしての存在と、言葉を調べる人に役に立つ存在、という二つの面がある。機能的な面からだけ言えば、コンパクトな辞典、専門用語辞典、現代語辞典などで十分一般のニーズには応えられる。しかし、そういう辞典とは別に、それらを全部総合し、過去を踏まえた日本語の総和とはこういうものだということを示せるもの、あるいは、今後日本語が変わっていったら、またそれを取り込んでいける受け皿になるような辞典を国家的な規模でつくることが必要であろう。それに近いのが、この『日本国語大辞典』だといってよい。

大辞典だからできること

大きな辞典の特長は、たくさんの項目を収め、かつ解説の内容を豊かに広げることができることである。例えば、今回大幅に補充された用例である。

辞典には、いい用例がたくさんあるに越したことはない。語釈というのは抽象された意味であるから、具体性にはおのずから限度があるわけで、それを補うのが用例である。また、語釈は意味だけだが、用例からはその実際の使われ方も知ることができる。語の存在証明ということで言えば、用例が多ければ、どの時代に用いられたものかとか、どういう性格の文献に出てくるかとか、そういうこともわかってくる。語釈だけでは意味の説明が不十分なので、用例によって具体的に意味や用法を補うわけで、そういう目的からだけならば、編者が作った例も効果的だが、言葉の実体を知ろうというときは作例では不十分で、実際のデータをそのまま出す、間違ったデータをも含めて出すことが大事になってくる。その上で、解説の中で、こういう表現があるけれども語法的、文法的には正しくないとか、この時期としては珍しい例だなどということを説明すべきなのである。

時枝誠記博士は、国語学における「変」ということについて、こう述べられた。——「変」というのは変わっている、あるいは特殊であるということであり、そこから言葉が変化するのだ。そして変わっているというところから、あるいは変だと気づくところからまた研究も始まる——と。だから、いわゆる正しい例だけを載せるのではなく、変な例も載せておくというのが、むしろ利用者からするとおもしろいということになる。そんなものを含めて用例は多いほどいい。今回の改訂では、初版で用例の入っていない項目に用例を入れ、入っている項目には各時代の用例をさらに加えた。その上で、出典の成立年代を今回新たに用例ごとに示しており、それにより言葉の歴史の流れが一層理解しやすくなったものと思う。

同様に、語源説も多いほどよいだろう。語源には真偽のほどがわからないものも多いが、言葉の意味を理解するためにも、民間語源まで広く載せておいたほうがおもしろい。取捨選択をせず網羅的、羅列的にさまざまな語源説を挙げられるのも、大辞典ならではのことである。

このように、一つの言葉にいろいろな角度から光を当てられるのが大きい辞典の最大の長所といえる。

中世の言葉——雄弁になる資料たち

用例採取をはじめとした今回の改訂作業において、私は中世語の部分を主に担当した。室町時代のあたりといえば、古語と現代語の大きな境目にあたる。現に、江戸時代の、西鶴、近松、芭蕉などの作品に出てくる言葉の多くは、室町時代の狂言やキリシタン資料、抄物などにまで遡ることができる。

なぜこの時代に境目が存在するのか。それは歴史に登場する場所や文化の流れが一本ではないからであると思われる。

我々が今知り得る平安時代までの言葉の資料は、ほとんどが奈良の都、平安の都の人たち（特に貴族階級）のものである。ところが、鎌倉を経て室町ぐらいになると、日本が急に広くなったかのように、文献にあらわれる地域、階層が広がってくる。例えば抄物というのは講義録、つまり、漢籍や仏典などを口頭で解説したものを記録した書物である。この場合、講義相手は庶民出身の小坊主や学者の卵といった者で、講義する側も必然的にそうした人々に理解できる言葉を使う。また、狂言は大衆向けの劇場言語（シアターランゲージ）であるし、キリシタン資料はキリスト教を布教するためのものだから、むろん庶民相手の言葉になっている。そして、それらの言葉の多くは現在でも脈々と生き続けている。

そういうことから考えて、今の我々が使っている言葉の原形は室町のころから文献に見えはじめると言える。同時に、一層バラエティに富んでくる江戸時代の資料にはじめて出てくる言葉は、一時代前――室町の人々がすでに使っていた可能性が大いにある。そのようなことを踏まえつつ、改訂作業では言葉の発掘に取り組んだ。

辞典への新しい要求

言葉を、手で書く時代ではなく、パソコンやワープロで打つ時代になった。漢字変換をすると、知らない漢字が出てきてしまう。あるいは、一つの言葉に三つも四つもの漢字が出てくる。書けなくてもいいけれども、同訓異字を使い分けられないといけないという場面が多くなった。一度文字離れ、漢字離れした時代から、また漢字の使い分けが必要な、あるいは使い分けに関心を持たざるを得ない時代になってきた。新設された同訓異字の欄は、そういう時代の変化に対応したものといえる。

また、今回の改訂では方言を重視し、大幅に増補した。マスメディアの発達によって逆に瀕死の状況に追い込まれている方言を、今、書き留めておくということは非常に意味のあることである。さまざまな専門書はあるけれども、このようなまとまった形で、五〇音順で引ける形にして残すことで次代への大きな財産となるだろう。

改訂作業を振り返って

このような大辞典の編集は、本来国がやるぐらいの大規模な事業である。現実に韓国では、国家事業として辞典の編集が行われている。その意味でも、今回の改訂によってまとめられた言葉の記録は、完璧とは言えないにしろ、しかるべく評価されていいのではないか。

また、大型の辞典だからこそできた特徴のあるコラムも、利用価値が高いはずだ。例えば、さまざまな書き手がさまざまな切り口で、語を総合的な観点から解説した語誌欄などは、楽しんで読んでもらえると思う。語誌はいくつものブランチに分けた語釈、それぞれのブランチに配置した用例のすべてを踏まえて、一語一語に内容的編集後記を書いていくようなものであり、作る側としても楽しい作業であった。ちなみに、この語誌欄は、私がかつて『古語大辞典』（小学館刊）を編集した際に発案したものを採用したものである。

『日本国語大辞典第二版』は、地域による横の広がり（方言）、歴史による縦の広がり（各時代の語）、そして位相による広がり（専門語・隠語）などを充実させた、いわば三次元的な言葉の大コレクションになっている。その一語一語に日本語研究の最新の成果を盛り込むべく努力した。是非身近に置いて活用してほしい。そして、言葉の世界の広さ深さを存分に味わってほしいと思う。

国語辞典が大きく変わる！

オンリーワンの国語辞典をめざして

――いよいよ『明鏡国語辞典』が刊行されました。まずは、この辞典の基本的な編集方針についてお聞かせ下さい。

私が辞典をつくるときの信念というか、自分自身に対して誓うことは、たくさんの辞典が出版されているので、それらとは違った、今までの辞書にはないオンリーワンの辞典でなければいけないということです。そのためには企画がすべてですから、企画の段階で随分時間をかけました。

まずは、項目をしっかりと選ぶということ。次に一つ一つの項目を理想的に説明すること。その二つの点で今までにない辞典をつくりたいというふうに考えました。

以前大修館書店から『日本語逆引き辞典』（一九九〇年刊）という本を出しましたが、あの辞典も実は、いい辞典はいい項目を収録していなければいけない、そのためには下の方からも収録する項目の選定をする必要があるというところから思い付いたものなんです。

今たくさんの国語辞典が出ていますが、私の目からすると、恣意的というか、正しくないと思われる解説のものもたくさんあります。それから、言葉の意味がこれでは不十分だ、もっと詳しい説明をしなければならないというところがあります。

つまり、従来の辞典ですと、一つの単語の中にその言葉の意味だけを個別的に記述するものが多いんです。しかし、表現は単語のつながりからできているもので、語がある規則つまり、文法によってつながることで表現になるわけです。例えば、「赤い花が咲く」という例ですと、その「赤い」は「白い」や「ピンクの」などが並んで存在している中から「赤い」が選ばれて、「花」を連体修飾しているわけです。それに「が」が付いて、それを受けるのが「咲く」という動詞です。この「咲く」は「散る」とか「開く」とかいう言葉と並んで存在しているわけです。

それを辞典で説明するときには、その語そのものの説明と、ほかの類義語との関係を説明することと、それからいわゆる文法的な面から説明するということがあるんですが、それを上手に統合した形で説明している辞典はなかなかありません。

この辞典では、文型をふまえて、その文中での関係の中でその言葉をとらえるということも試みました。これが今までの辞典にはない大きな特色だと思っています。

「ホームラン」は打てない？

——そうした新しい試みが具体的に現れているのはどのような点ですか。

特に用言ですね。動詞、形容詞、形容動詞については、これらが相手としてとる名詞との関係や、その名詞と用言の間にある、いわゆる格助詞の働きについて詳しく説明しています。

例えば、「打つ」という動詞で言うと、「ホームランを打つ」も「球を打つ」も両方とも「○○を打つ」という形をしていますが、「ホームラン」と「打つ」の関係と、「球」と「打つ」の関係、これは非常に違います。両方とも「打つ」の目的語だと言ってしまうと二つの違いがまったくわかりません。しかし、バットでボールを打つことはできますが、ホームランを打つことはできません。「ホームラン」というのは「球」を打った結果の所産です。「打つ」という動作をした結果、「ホームラン」がつくり出されるのです。一方「球」というのは、打つという動作の対象ですね。

この辞典では「ホームランを打つ」については、「○○を」に「結果」をとる、それから「球を打つ」には「○○を」に「対象」をとる、という説明をしております。このような説明は今までの国語辞典にはありませんでした。

「が」にも同じようなことがありまして、例えば「二〇〇一年が明ける」には、「二〇〇一年」が「明け」て「二〇〇二年」になるという意味がありますが、同じ意味で、「二〇〇二年が明ける」という言い方もできます。また「夜が明ける」と「朝が明ける」も同様で、どちらが明けるのかわからないというところがありますが、「夜が明ける」は現象の変化に注目していうものであり、「朝が明ける」は、明けた結果朝になるというように、新しく生じた変化の結果に注目していうものである、という違いがあります。そういう関係ですね。「水がわく」と「湯がわく」の関係も同じです。

――なるほど。言われてみればそうですね。例えば「ワープロを打つ」などはどうでしょう。

これは「ワープロで」とも言えるように、こういう場合の「を」は道具を表します。「ワープロのキーを打つ」という言い方もありますが、それはまた別の項目として立てています。ワープロで文字を打つのですが、そういうときに「ワープロを打つ」と言う。そういう「打つ」は、打つような動作をして器具を操作するという語釈をしています。

語釈をする際、一つはこういう例は何故「打つ」と言うのだろうというように、いろんな用例をあげて、それを分類するということがありますね。それからもう一つは、どんどん意味や用法をわけていくというか、分析して「打つ」をながめると、「打つ」の本当の意味がわかってくるということもある。それを単に「を」は目的語ですと言って終わりにしてしまうと、「打つ」がどういう動作を表すのかということがわかってきません。同じ「打つ」にもいろいろな使い方がありますよ、「○○を」に、こういう語を取って、それが打つような動作をしてこういうことをするんです、ということをきちんと押さえることによって、初めて「打つ」という語の意味がわかってくる。具体的な用法とともに意味もわかる。そういうことだと思うんです。しっかり押さえないで、定義したと思っても、それは定義になっていない。この「を」も「が」もそうですけれども、最近の国語学、日本語学の研究の成果を取り入れているということですね。

——このような説明があると、生徒や、日本語を学習している人などの素朴な疑問にも答えられそうですね。

そうですね。生徒から「水がわく」と「湯がわく」の違いがわかりませんと質問されても、そこまで説明している辞典はありませんでした。この辞典では文型をふまえて意味を分類して、それぞれに解説しているので、そうした疑問にも答えることができるでしょう。

形容詞には三種類あることを踏まえる

形容詞も動詞と同様に、文型を念頭に置いて解説を工夫しています。これも具体的に説明をした方がわかりやすいと思うんですが、形容詞は大きく分けると三種類に分けられます。一つは「属性形容詞」です。「赤い」「早い」などですね。それから「感情形容詞」、例えば「なつかしい」「うれしい」など。それからもう一つは「感覚形容詞」、「痛い」「まぶしい」などがこれにあたります。

「属性形容詞」は、ものの属性を表す。「チューリップが赤い」というのは、「赤い」という状態の持ち主が「チューリップ」だということで、主観から離れてチューリップというものの属性を表しています。

それから、「感情形容詞」の「なつかしい」は、人の感情を表します。「母がなつかしい」「故郷がなつかしい」というのは、「私」がそう思うわけですね。私以外のだれかが思ってもいいわけですが、だれかが故郷がなつかしいと思うわけです。

「なつかしい」と「赤い」の二つを比べますと、「なつかしい」には必ずだれか感情の主体である人がかかわってきます。「花子は故郷がなつかしいのだ」というような言い方だと、なつかしく思っているのが花子ですよね。「だれかが何かがなつかしい」というような「――が――が」構文ができます。

「赤い」も実は「チューリップが（は）花びらが赤い」というように、やはり「――が――が」構文を作りますが、これはチューリップが「全体」で、花びらは「部分」であるという関係で、「チューリップ」（全体）のうちの「花びら」（部分）が「赤い」という表現になります。

それから三つめの「感覚形容詞」の「痛い」についてですが、「痛い」は感覚を表しますね。感覚というのは人の感覚ですから、感覚する人が「が」になる。それとその感覚する体の部分が「が」で表されて、「私は（が）頭が痛い」となる。

要するに三つとも二つの主語を取ります。「属性形容詞」の場合には「全体」「部分」ということになるし、「感情形容詞」の場合には「感情を持つ人」と「感情の対象」ですね。それから「感覚形容詞」の場合には「感覚する人」と「感覚する場所」となります。この辞典では、この辺りを押さえて、形容詞を説明しているんです。

ただ、面白いことに、形容詞というのはもっと全体的に見ると、もともとが人間の主観つまり判断を表すものです。「赤い」と言っても、赤さにはいろいろ程度がある。「大きい」というのは客観的のようだけれども、その人の経験とか、環境などによって変わってくる。子供から見れば「大きい」が大人から見れば「大きく」はないというようなことがある。だから、みんなが「大きい」と認める、判断するような場合が客観的な形容詞で、個人的で、人によって違うような場合には主観的な形容詞となる。

「寂しい」は、「私は夜道が寂しい」という場合の「寂しい」は主観的ですが、「寂しい道」という言い方もある。これはだれでもが寂しいと思うような道、非常に暗くて、じめじめしていて、何かが出てきそうなところがあって、それを「寂しい道」というと、これは、「道」が「寂しい」という属性を持っているというようなことにもなりますね。

——「おいしい」なども主観と客観の両方あるような言葉ですね。

そうですね。「おいしい」というのも、辛いのがおいしい人もいれば、おいしくないと思う人もいるということからすると主観的で、感情形容詞ということになりますが、誰もがおいしいと思うような料理もあるわけで、そうすると、その料理の属性みたいになりますね。「痛い」というのも、感覚というのはちょうどそう感じる人間（主観）とそう感じさせるもの（客観）との間の人間の表面、感ずる場所の感じを表す形容詞です。主観的で、手をつねったときに痛いというのは、つねられた人が痛いわけです。鈍感な人は余り痛くないかもしれない。しかし、栗のいがはだれでも痛い。「痛いいが」という言葉は十分できるわけですね。これは属性的になる。だれでもそういうふうに感覚するようなものだと属性になる。

そういう点で、感情・属性、あるいは主観・客観と言ってもいいんですが、これは連続しているんです。連続的ではありますが、それを踏まえた上で三つに分けて、代表的なところで押さえることで、形容詞の意味をしっかりと押さえることができます。

気になる日本語その1「させていただく」

――さて、この辞典では比較的新しい表現についても取り上げているようですね。いくつかピックアップしましたので、この機会に先生のお考えをお聞かせいただければと思います。

まずは「させていただく」という表現についていかがでしょうか。

辞典というのは、規範を示すことが基本ですが、現実をそのままにおさえるという面もなければいけません。ですから「させていただく」も、今までの辞典で立てているものはあまりないと思いますが、この辞典ではかなりのスペースを使って説明しています。

「させていただく」は、関西で頻繁に用いられ始めたと言われています。確かに丁寧な言い方ではあるんですが、相手の許容が必要ない場合にも「させていただく」という言い方をして、ちょっと過剰に使われているところがあります。

もっと問題なのは、「言わさせていただく」というように、五段活用の動詞の未然形に「させていただく」を付ける言い方です。これは使役の意味を強めようと思って「言わせて」ではなくて「言わさせて」と言うのでしょう。サ入れ言葉の一つですが、もちろん誤りです。

気になる日本語その2「あげる」

――「あげる」についてですが、本来は人を高めて言う用法だったものが、現在では、「花に水をあげる」「犬に餌をあげる」というような言い方が普通になっておりますね。

「あげる」が、丁寧語的に使われることが問題になり始めたのは、一九七〇年代のころからですから、そんなにさかのぼらないんです。「あげる」の謙譲的な意味がどんどん落ちてきていて、もう大分前ですけれども、学生などに聞くと、先生が学生に「これあげるよ」と言うのはいいけれど、「先生、これあげます」とは言えないというんですよ。先生に失礼で。

――確かにそんな感じがします。

だから、謙譲語、丁寧語よりもっと低い。軽蔑とまでは言わないけれども、同等どころか同等以下の人に使わなければいけないような傾向のようです。これは非常に大きな変化ですね。辞典には漱石の例で「姉さんにあげましょう」という例文を載せました。本来はやはり姉という年上の人に使っていたものだったんですが、今、これが逆に違和感を持たれているということなんです。

――どうして元々は人を高めていた表現がここまで変化してしまったのでしょうか。

私の解釈を言わせてもらえば、お父さん、お母さんや幼稚園の先生が、幼い子どもに優しい言葉を使おうということで、「お花に水をあげましょう」とか「お犬ちゃんに餌をあげましょう」などと言う。そういう非常にていねいに言うところから始まったのではないかということが一つ。それと、これは調べてみなければわかりませんが、「差し上げる」という語との関係で、「あげる」は「差し上げる」があるから弱くなってしまうという面と二つあるのではないかな。それに「やる」というのはそもそもが恩恵を与える行為だから、いくら「あげる」という言い方で謙譲性を加えても、やはり失礼だ、生意気だという感じが残る。「あげる」の謙譲性が下がる要因というのはこの辺りにあるのではないかと思います。

気になる日本語その3「みたく」

――「〇〇みたく」なども、若者を中心に新しい使い方が広がってるようです。「言葉の乱れ」という批判もございますが。

そうですね。規範からすれば乱れですが、時代の流れからすれば、進歩とまで言ってはいけないが、評価を入れずに言えば変化でしょうね。

個人的には、この「みたく」というのは、人間というか若者の言語生産能力に感心しているというところもあるんです。「みたいだ」という語の「だ」を取って、語幹に相当する部分で終わる言い方があります。「天使みたいだ」というところを、「天使みたい」と言う。「まるで眠っているみたいだ」を、「まるで眠っているみたい」と言う。その「〜みたい」の「い」が形容詞の活用語尾のように感じられて、その「い」が活用し始めたのが、「みたく」ではないかと思うんです。「天使みたいに」と言わなければいけないところを「天使みたく」と言うようになった。現在ではかなり年配の人も使っていますから、すでにかなり一般的にしていると言っていいのでしょう。これは「みたく」という言い方がされるようになった道筋が読めて、僕は面白い現象だと思っています。

――そもそも形容詞ではない「みたい」が形容詞化しているということですか。

そうです。まあ、これは私の解釈ですけれどもね。研究者として変化の論理に感心しているだけで、好ましい表現だと思っているわけではありません。聞き慣れてきたけれども、やはりまだ違和感がありますね。それに、活用形がそろっているわけではありません。「あの人みたかった」とか、「あの人みたければ」とかはまず言いません。「みたい」と「みたく」、終止形と連用形ぐらいではないですか。

気になる日本語その４「ぽい」

――「ぽい」という言葉も「出掛けるっぽい」というような表現が若者の間ではあたりまえのように使われているようですが、これはどのように解釈なさっていますか。

「ぽい」は、本来は名詞とか、名詞的なものに付くものです。形容詞や形容動詞の語幹も名詞的ですし、動詞の連用形なども名詞的なんだけれども、もっと緩やかな単位、つまり動詞の終止形というか、文末に付くようなものが出てきていますね。「ぽい」が文に付くようになったのは、意味だけは残して、だんだん接尾語としての機能が弱くなってきているということだろうと思います。

――本来は名詞を用言のようにするのが接尾語の役割であったのが、用言に付いてしまったということは「ぽい」の役割自体はもうかなり機能的に弱まっているということですね。

そうですね。何か終助詞的な感じになっているのですね。一般的に文末のものというのは初めはしっかりしているんだけれども、だんだん機能が弱くなり、すたれていく。助動詞などでも、「せる」「させる」「れる」「られる」のような動詞に近い助動詞はいつまでも変わらないのですが、動詞から遠く終助詞に近い助動詞、推量の助動詞などは全部なくなったり、変わったりして、新しい助動詞になっています。接尾語的なものもだんだん何にでも付くようになるという変化の方向があるのではないかと思います。

——若者言葉もこのように説明していただくと面白いですね。

若者言葉を弁護するわけではないけれどね。(笑)

気になる日本語その5「みたいな」「の方」「とか」

——「○○みたいな」とか「○○の方」、これもよく違和感を感じる表現として話題になりますね。

「あなた、昨日どうしましたか」と聞くと、「私、昨日○○に行きましたみたいな」と答える。はっきりしていることなのに、「みたいな」を付けるのは聞いていて不自然に感じられますね。これは、話す人の自信のなさというか、照れというか、はっきり言わない、言いたくない、断定しないということの表れだろうと思います。「お釣の方」というのも、本人はやはりぼかしのつもりなんでしょうが、何で「お釣の方」などとぼかさなければいけないのか。「お釣をお渡しします」と言えばいいのに、「お釣の方、お渡しします」という。「○○みたいな」と「○○の方」というのは共通しているところがありますね。

——どんどんぼかす方向に行っているんでしょうか。

「とか」言葉もそうでしょう。「○○とか」とか、「○○とか言っちゃって」とか、最後に責任持たないいんですよ。いま「とか」を二回使いましたが、これらは正しい使い方ですよ。

――無責任ですか。

無責任と言ったら言い過ぎだけれど（笑）。あるいは「とか」は相手に対する思いやりのつもりで使っているのかもしれない。

ただね、数量などをぼかす言い方は、以前からあったんですよ。お店に行って、「砂糖五〇〇グラムほどください」とか「キウリ三本ぐらいください」などとね。はっきり言わないのは、日本の伝統文化かもしれませんね。

――「お釣の方」などというのも、ひょっとすると敬語の意識で使っている可能性もありますね。

そうね。だから、ぼかしているんですが、どう思ってぼかしているのか。何故そう思うかはちょっと私にはわからないな。しかし、しっかりとした話し方ができない人が増えていることは事実です。大事なときに、三語以上使って適切に話すことができない。「先生、これ遅くなりましたが、お持ちしました」というような言い方ができない。「先生、これ」とか。しっかりと話せないから、断定をしない。そういう表現がやはり今の若い人たちには好まれているんではないですかね。この「みたいな」というときには必ず自信のない笑顔とか、はにかみ顔が伴うように見受けられます。

それから、最近一人でうなづくでしょう。あれは何なんだろうね。「〇〇ですから、はい」とか「〇〇とかですから、うん」とか。以前は「〇〇とかですからね」のように「ね」を使って相手に持ちかけていたのですが、それをしないで、「〇〇とかでありまして、はい」のように、自分で答えてしまう。「今日は調子いかがですか」と聞くと「調子はいいですよ」と返さないで、「調子はいいです、はい」と自分で勝手にうなずいているでしょう。相手に持ちかけないで、自分で答えてしまっている。けれども、これは言語行動の問題で辞典の話からは外れます。

「上げる」「挙げる」「揚げる」「騰げる」の使い分け

──この辞典は、表記についてもいろいろな工夫がなされていますね。

辞典は字引きとも呼ばれるぐらいで、私なども意味を確認するために辞典を引くこともありますが、どういうふうに書くかを調べるために引くことも非常に多い。日本語の表記には正書法がありません。例えば、「つくる」という語をカタカナで書こうが、ひらがなで書こうが、漢字で書こうが、どれも間違いではありませんが、漢字で書くとしたらどう書くか。「作る」「造る」、さらには「創る」のどれで書くかということがとても大切なわけですね。我々もそういう意味で、表記情報はできるだけ丁寧に示しました。

まず標準的だと思われる表記の形を見出し語のすぐ下に示しました。そして、各意味のブランチごとに、この意味の場合にはこれを書くとか、幾つか当てる漢字があるが、これが一般的だとか、こういう表記は間違いだとか、丁寧に説明しました。例えば、「あげる」の項目ですと、「上げる」

「挙げる」「揚げる」「騰げる」という四つの表記を見出しにあげ、各ブランチにどの漢字を当てるか、例えば、体の一部分を上の方に動かすの意のときには、「上」と「挙」を用い、旗・凧・煙・水・しぶきなどが空中高くあがるようにするという意味のときには、「上」と「揚」を用いるとか、あるいは値段や給料を高くするというような意味のときには、「上」と「騰」を用いるなど、意味のブランチによって表記をいちいちあげています。

「たたかう」という項目では「戦う」と「闘う」と二つの表現をあげていますが、項目の最後の「表記」という解説欄に「戦」は戦争・試合・選挙戦など具体的な争いに、「闘」は比較的小さな闘いに使うほか、言論による闘いや、目に見えない相手との闘いなど抽象的なものに使う、というようなことをかなり踏み込んで記述しています。

「偏頭痛」「片頭痛」・「話」「話し」――代用表記と送り仮名

例えば「へんずつう【偏頭痛】」という項目を見てもらいますと、標準的な表記としてはニンベンの「偏」ですが、「表記」という解説の欄に「新聞では片頭痛と書く」というふうに示してあります。いいとか悪いとかではなくて新聞では「片頭痛」と書くという、そういう情報も入れるようにしています。

それから、送りがなの問題もよく迷うところですね。例えば、「話」という項目には、「お話をする」というときに、「し」を送るかどうかというような表記の説明もしております。「お話をする」の「話」は名詞ですから、「し」を送らない。ところが、連用形を「お――する」で囲んだ「お話しする」という謙譲語ですね。謙譲語の「お話しする」は「し」を送るというような、そういう注記をしております。ブランチごとに当てる漢字を示したり、必要なところには「表記」という欄を設けて、使い分け、使い方を詳しく説明したところが、この辞典のまた一つの特徴ではないかと思っています。

ビジュアルな面で言いますと、画数が多くて、ごちゃごちゃしていて、どういう字になっているかわからない漢字もあります。そういう画数の多くてよく見えないようなものは、取り出して、ズームアップして示すというようなこともやりました。これは非常に助かるのではないかと思いますね。

――前半で伺ったように、内容的に最新の研究成果を盛り込んでいるという側面と、表記のところは、実用的というのでしょうか、困っときにぱっと引いて調べられるという、両方が兼ね備えられているのですね。

そうですね。

――ちなみに、先生は代用表記ですとか、混ぜ書きなどについてどのようにお考えですか。

これはですね、僕ら古い人間からすると、代用表記というのは正直違和感があります。けれども、これも慣れで、見慣れてくると、あまり気にならなくなってきますね。あまり難しい漢字を残しておくのもいいことではないから、代用表記でも気にならないようなものは仕方がないんではないでしょうか。

それから、混ぜ書きというのはよくないですね。好きではありません。大体、「う回」とか「破たん」とかいう表記を見ても、すぐには「うかい」とか「はたん」と読めないし、意味も浮かんできませんね。コンピュータ技術も進んだことだから、きちんと書いてルビを振るとか、あるいは別の語で言いかえるとかして、混ぜ書きというのはなるべくしないようにした方がいいと思っています。

最近の用語も充実

——また、最近の言葉、いわゆる新語もかなり収録しておりますね。どのような基準で選ばれたのですか。

新語の選定というのは難しいんですが、日常生活でよく使われる言葉、新聞やニュースなどで重要な用語、法律の変更に伴って用語が変わったもの等が中心です。例えば、「シックハウス症候群」「デフレスパイラル」といった用語や、「成人病」は「生活習慣病」に、「看護婦」は「看護師」に変わりましたので、そのあたりを採録しています。

新語を取り入れるだけでなく、例えば「投票」とか「掲示板」など、以前からあった語に新しい意味が生まれているものもあります。「投票」も最近では電子投票が一部行われておりますし、「掲示板」もインターネット上の掲示板の意味も当然載せなくてはいけませんから、新しくブランチを立てています。

豊富な用例、読んで楽しめる解説

――最後に『明鏡国語辞典』についてあらためて国語の先生方にむけて一言お願いします。

ページを開いて一見しただけでは、今までの辞典とあまり変わらないかもしれませんが、いやずいぶん読みやすくなっているのですが、それよりも、中身が全然違うということを申し上げたい。具体的なことは今まで述べてきたとおりですが、小さな名詞などでも、類語とどう違うか、どういう用法があるかなど詳しく説明しています。

用法について言うと、用例が非常に多い。紙幅の関係で最後になってずいぶん削らざるをえなくなりましたが、それでも一つのブランチに四つぐらいの用例をあげている項目が多くあります。その用例もただあげたのではなくて、よく検討したものですし、小さな項目でも、用法、類義語との関係などがわかるような説明をしているし、いろんな面でかなり突っ込んだ解説をしています。とにかく、調べるために引くだけでなくて、読んでも十分楽しめるし、それから楽しんだ後で、その語について自分でも考えてみたいという気持ちを起こしていただくような項目になっているはずだと言っていいと思います。

　単純に用例を見たいような初心者から、その語について深く考えてみたいと思う人たち全員に対応する内容になっていると思いますので、国語の先生方には、是非すみからすみまで読んでいただきたい。

《対談》国語辞典の新しい役割——山根基世×北原保雄

言葉の乱れ、国語力の低下が言われる今、生きた「国語力」を身につけるためには何が必要なのか——NHKアナウンサーとして話し言葉の現場でご活躍の山根基世さんと、文法論や国語教育に造詣が深く、『明鏡国語辞典』の編者でもいらっしゃる北原保雄先生に、「国語力」と「国語辞典」をテーマに幅広くお話しいただきました。

言葉に意識的になる——日本語の乱れをめぐって

北原　山根さんはアナウンサーというお仕事をされていて、日本語の乱れについてはどんなふうに実感していらっしゃいますか？

山根　今、社会全体で言葉が乱れているという意識が高いですよね。ラジオで、リスナーから気になる言葉を寄せてもらって、それを話題にして言葉について考え今の世の中を見ていきましょうというスタンスの番組をやっているんですけれども、すごくたくさんファックスやメールや手紙、はがきが来ます。おもしろいなと思うのは、今大人たちが若い人たちの「何々じゃないですか」とか、語尾上げ、「コーヒーとか召し上がりますか」、「コーヒーのほう、どうしましょう」、そういう言葉が気になるというのがいっぱい来るんですね。若い人はそういう言葉を使っている。若い人の言葉の乱れ。だから、年配の人にしてみれば、今の若い人たちは全然私たちと価値観が違うというような形で見がちなんだけれども、なぜそういう言葉になっていくのかというのを考えていくと、どうも断定を避けたい、ある種相手に対するひとつの敬意でもあるんですよね。ちょっと遠回しな、婉曲な敬意というのかな。例えば、私たちも番組で「では、これからこの方にお話を伺っていこうと思います」と言います。なんで「思います」なんて言わなければいけないのか、と言われるんだけれども、「では、これから伺います」と言い切ることをちょっとためらう心理というのはありますよね。それと同じ心理で語尾を全部ぼかしていくというふうに考えていくと、とてもわかりやすくて、あそうかと。だから、全然人種が変わったのではなくて、日本人らしい振る舞いの結果、ても日本人的な心情の先に、「とか」や「じゃないですか」のような、そういう今「乱れ」と呼ばれている言葉も出現しているんだなというのがわかってくるんです。そうすると、それぞれの言葉の背後には何かそれなりの、誤りには誤りの理由があるということがとてもよくわかる。何か心理的な背景というものがあって言葉というのは変わっていくんだなと。ただ、乱れていると、そこだけ見てもわからない。

北原　そうそう、理由ですよね。私は、間違って使われている言葉にもそうなったわけがあるだろうというので「誤用の論理」という言葉を使っているんですが、確かにおっしゃるように、理由なしには使っていないんです。極端な場合には、格好いいから使っているというのも一つの誤用の論理ですね。

山根　でも、中年以上の人も乱れた言葉遣いの方はいらっしゃるでしょう。

北原　高級な乱れをしていますね。例えば、昨年度の文化庁の「国語に関する世論調査」でもとりあげられた、「役不足」とか「流れに棹さす」とか、ああいう慣用句の類を間違って使っているということは随分あります。

山根　私も「棹さす」は誤解していました。

北原　あれはやはり抵抗するみたいな感じがしますからね。偉そうなことを言いますけれども、やはりハッとすることは表記などにも随分あります。例えば「かけがえのない命」などと使う「かけがえ」。欠けてはいけないみたいに思われて、「欠」を使いたくなる。あれは掛ける替えがないわけですから、漢字は「掛」の方でなければいけないんですが、欠けては困るというふうに、そういうのは語源俗解というんですが、語源を俗に理解して「欠席」の「欠」を使ってしまう。指摘されるとその通りなんですが、深く考えずに書いていたら間違ってしまうのではないかとか、そんなヒヤッとすることはいくらでもありますよね。ですから、結論的に言うと、言葉にもっと意識的になれと、そこだけだと思うんです。ちょっと心配だったらすぐに辞書を引く。どんなに力のある人でもそれしかない。

山根　私は、非常に知的なある有名な映画監督と話していて、彼が書いた原稿を読んでナレーションを入れていたら、血となり肉となるという意味の「血肉」というのを「チニクと読んでください」とおっしゃるんです。「えっ」と言ってびっくりしました。私は「ケツニク」だと思っていましたけれども、と言って辞書で調べたら「ケツニク」でした。言葉ってこれだけの人でも間違えられるんだと、私自身はしょっちゅう間違えていますけれども、そういうふうに考えないと。

北原　先ほどの文化庁の調査では、言葉が乱れているかという質問に対して、若い人は乱れていると思わないというのが強く出ていますね。男性の一六歳から一九歳で、だいたい高校生の年齢ですが、「非常に乱れていると思う」というのがたった三・六パーセントです。

山根　えらい自信ですね。

北原　もう意識がないのではないですか。自信ではないと思います、意識がないのです。

山根　先生が気になる言葉というのはありますか？

北原　私は前は、「何とかって何とかじゃないですか」という、あれは本当に嫌いでしたね。例えば「何とかという本があるじゃないですか」と、そんなことを言われても、そんな本私には何の関係もないのに何でそんな言い方をするのかというふうに考えましたが、「ねえ」とか

山根　「さ」とかいう、相手に持ちかけるのに使う助詞があるわけですよ。それの代わりに使っているんですね。「この本はね」というのをもっと強く相手を引き込みたい気持ちで言っているのでしょう。後からそのように考えてみるとわからないわけではないんですが、「国語に関する世論調査ってあるじゃないですか、その調査をね」と言ったって、そんな調査があることを知らない人は知らないわけで、それは非常に気になりましたね。

北原　ラジオでもいっぱい来ました。その「じゃないですか」が気になると。

山根　「私って弟がいるじゃないですか」って、そんなのこっちは知らないですよね。君に弟がいるかいないかなんて知らない。

北原　私は「あげる」がずっと気になっていて、「草に水をあげる、猫にえさをあげる」というのもいまだにだめなんです。

山根　私はNHKテレビで平成二年放映のセミナー・現代ジャーナル「シリーズ日本語」という番組で取り上げたこともあるんですが、今の学生は、目上の人に「あげる」というのを使ったら失礼だ、「あげる」は自分より低いものに使う。だから、「犬にえさをあげる」や「花に水をあげる」はいいけれども、「これを先生にあげます」というのはだめだと言うんですよ。自分より低い人にあげる。今はそういう時代になっていましてね。

北原　だから、本当に言葉って動いているんだなあと思いますね。私が朝の主婦向け番組で司会していたときに、ある人がその番組の中で、自分の生まれた子どもに対して「赤ちゃんにミルクをあげる」と言ったら、もう午前中だけで何十本も抗議の電話が来たんですよ。

北原　ほう、それはいつごろのことですか？

山根　二〇年前でしょうかね。今、「赤ちゃんにミルクをやる」なんて言ったら、また抗議の電話がじゃんじゃん来るでしょう。

北原　言葉遣いが乱暴だとか、もうちょっときれいな言葉を使いなさい、というような感じになるんでしょうね。

山根　だから、言葉というのは本当に生き物で、刻々動いている。ただ、生理的に身についた言語感覚というのは抜けないんですね。だから、私はいまだに「あげる」は抵抗があって、「与える」などに言い換えているんです。

北原　使い方というのはどんどん変わっていくんですね。なぜこんな言い方が出てくるのか、なぜ許されるのか、国民全員が常にそんなことを考えてはいられないでしょうが、少し考える気持ちがあれば、国語のレベルはもっと高くなるのではないかと思っています。

「国語力」＝「人間力」を身につける

——言葉の乱れへの意識が高まっている一方で、今「国語力」の重要性が言われています。お二人が委員をされている文化審議会の国語分科会でも、「これからの時代に求められる国語力について」という問題を審議してこられました。

山根　先生が例えば審議会で求められる国語力の定義みたいなことはご自分の中であるんですか？

北原　「国語力」ということで新しい意味を出そうとしていますが、結局、しっかりと話せて聞けて読めて書けるということだと思うんですよね。しっかりという、そのへんの度合いがありますけれども。

山根　私はいつも国語力ということで何か言うときに、どうも観念だったり議論のための議論だったりするのが気になるんです。基本的には何のための国語力かというときに、だれもが自分らしい人生、納得して幸せに生きられる世の中を実現するための国語力というのをどこかに基本に踏まえて、そのために何が必要なのか、他者ときちんとコミュニケーションすることが必要ですし、今感じている痛みとか苦しみとか、そういうことをきちんと言語化して発言していく力が必要だし、そういうところから逆算した国語力ということをみんなきちっと考えてほしいと思うんです。

北原　そうです。それが基盤です。言葉は表現する面と、受け入れる面、理解する面とがあって、表現するときには何をいかに表現するかになるわけです。その「何を」という部分が非常に大事なんですね。口先がいくら上手でも、「何を」がない人の話は全然空虚でつまらない。昔から学習指導要領で言われている、物の見方、考え方、感じ方、すなわち自分の立場、それをしっかりさせる。それが「何を」ですよね。「何を」について考える力ができていれば、理解も深いものになるし、表現も豊かなものになります。国語力の基盤には文化的な素養とか、今おっしゃったようなこと、それに人のことを思いやるとか平和を大事にするとか、そういうものを含めた物の考え方がありますが、それは国語力そのものではないと私は思います。

山根　それを含めて国語力という……。

北原　と言っていいですけれども、人間力というか。人間力というのはいい言葉ですね。

山根　人間力はいいかもしれませんね。

北原　人間力というのはその人の能力ですね。基本的な、生きていく力。言語能力だけをやっていても、浅薄な口先だけになりますからね。

山根　思考もあっての言葉ですからね。

北原　思考というか思想。思想というと現在ではイデオロギーのように受け取られがちですが、哲学では体系的な意識内容というような意味で使われ、もうちょっとニュートラルで広いんです。だから、頭の中に思想があって、それを言葉としてどういうふうに具現化していくか、そういう関係だろうと思うんです。この思想も、考え方、見方、感じ方も、言葉によって蓄えられますから、そういう点では広義の国語力に入るでしょうね。

山根　私は今美術の番組をずっとやっていますけれども、とにかくあらゆることにおいて一〇歳までが勝負という感じがするんですよね。感性はすべて、言語においても、美意識においても、その人がどういう風を受け、光を受け、においをかぎ、どんな言葉を浴びて成長したかがその人の生涯を支配すると。一〇年美術の番組をやって、だんだんその確信が深まってくる。一〇歳までにこの人たちをどういう言語環境に置くのかということを考えたときに、今ほとんど母子家庭みたいな母と子どもしかいないような家庭の中で、二人だけの関係の言葉しか覚えなかったらどうなるんだろうと思いますね。もうちょっと豊かないろいろな関係を見せて、その中の言葉というのを体験させて、幼いうちに人間というものをもうちょっと知らないと、言葉というのは本当に豊かにならないのではないかなとすごく焦りみたいな気持ちがあります。それで、よく発言するのは地域社会の中でそういう場をつくっていくのがいいのではないかということなんです。

北原　どうしたらいいんでしょうね。テレビやラジオはやはり箱から聞こえてきますからね。

山根　やはり生身なんですよ。私たちアナウンサーでも、ある時期のある局から優秀なアナウンサーが輩出することがあるんですね。そのときには必ずその核になるアナウンサーがいるんです。優れた先輩が。

北原　みんなを引っぱっていく親分のような人がいて、みんなで研究会を開いたりして。

山根　そうなんです。不思議なのは、東京に優れたアナウンサーがいっぱいいて、みんなそれを見ているはずなんです。だから、テレビで育つのなら、その人たちを見ればみんな育つはずなんだけれども、そうではないんです。やはりこの地域のある三年間ここから優秀なアナウンサーが出るということが起こるんですよね。それはやはり言葉というのは生身で受け渡しをしないとだめだということです。

北原　教育もそうですね。eラーンニング、ディスタンス・エデュケーションなどというのにももちろん意味はありますが、生身の教育が大切なんですね。

山根　これからの時代に求められる国語力というのは、今までと何か違うところがあるとお考えになりますか？

北原　これからの時代はどういう時代かというと、国際的にも国内においても非常に開かれた時代で、外国の人や、日本人でも職業や地域の違ったいろいろな人とどんどん積極的にコミュニケーションをしていかなければならない、そういう時代なんだろうと思います。そういうときに必要なのは、今までのようなレベルのものではない国語力なのではないか。特に国語力が重要になってきたというのは、国語力が低下してきているということだけでなく、時代が今までとは違った、しかももっと高い国語力を要請するような時代になっている。一つはコミュニケーションの必要性が増してくるということではないかと思います。

山根　私なんかもＮＨＫに入って三三年になりますけれども、二五年目ぐらいでしたか、仕事をしていて、強固な男社会の中の壁を感じて、その時、自分が論理的にきちんと相手を説得する力がまったく欠けていることに気づきましたね。自分が本当につくりたい番組の形にしていくためには、自分の体験をきちんと言語化して、論理的に、しかも相手の心に届く言葉で話していかない限り自分の思いは貫けないんだなというのを体で体験したんですよ。異文化同士のコミュニケーションというのも常にそういうことを含んでいて、その場合、説得力がある言葉というのは必ず自分の体験から学んだ言葉であり、論理的で、しかも相手の心に届く言葉であるということが必要不可欠になってくるというふうに思いますね。身にしみて感じました。

北原　異文化の人や全然違う集団の人たちと話すことができるような国語力が求められる時代になってきているんですよね。今の子どもたちの中には老人としゃべったことがないような子どもがいます。そういう子どもたちは、もう全然言葉の時代差を克服することができない。小さいときから言葉というのはこういうものだというのがわかっていたり、いろいろな言葉があるんだ、集団によって使う言葉が違うんだということがわかっていれば、いろいろな人と接しても戸惑うことはないと思うんです。

山根　それと、民主主義をより成熟させていくためには、例えば働く女性が子育てに非常に苦しい面がある、保育時間をもうちょっと延ばしてもらえば助かるのに、というようなことを思っていてもみんなじっと我慢してきたでしょう。それをきちんと周囲を納得させるような論理を持ちながら社会的に発言していく。そういう言葉で世の中を変えていけるんだという言葉に対する信頼感みたいなものをこれからの人はちゃんと自分の体の中に持っていないと、全然世の中が変わっていかないという感じがします。

北原　そうですね。言葉に対する信頼感を大事にしなければいけない、これはとても大切なことですね。我々は言葉を商売にしているものですからそういうことを痛感していますが、一般の人にも、極端に言うと、言葉が滅びると民族が滅びるんだぞということを考えてもらいたい。日本語というのは我々にとって非常に大切なものなんですね。大事にしなければいけない。また、日本の言葉を大事にしていけば、日本はもっといい国になるんです。品位のある文化国家になるということもあるわけですから、ないがしろにはできない問題なんですよね。

山根　幸田露伴が言っているのは、だめな言葉を使わないのはだれかのためではなくて、自分自身の誇りを保つためだ、自分自身の人格のために美しい言葉を使わなければいけないんだということを言っていますね。

北原　露伴はいいことを言われたと思います。いい言葉を使うということは自分のステータスを保つということだけでなく、教養や品位を示すということにもなるわけです。お母さんが子どもに「明日は早いんだから、早くお休みなさい」と言いますよね。「寝ろ」などと言わずに「お休みなさい」と尊敬語を使っていますが、これはお母さんが品があるからです。子どもの方は「わかってるよ、うるせえな」と敬語抜きです。これは子どもは品位など意識しないから。どちらが偉いかと言ったら、お母さんのほうが上で、子どものほうが下なんですけれども、これは敬語の勉強ですね。

国語辞典の新しい役割

――国語力を身につけるための一つの方法として、国語辞典の利用が考えられます。求められる国語力の変化に対応して、国語辞典も最近は大きく変わっています。

北原　辞書は字引とも言うように、漢字の書き方を調べるのに使う人が多いですね。意外と表記というのが大事なんです。皆さん、手紙を書いたり文章を書いたりするときに、これはどういう漢字だったか、送り仮名はどこから送るかなどというので引くんですね。文章を読んでいるときに、その言葉の意味や使い方がわからないから引くという場合もありますが、やはり一番利用されるのは昔からまさに字引なんですね。

山根　あそこがくっついていたか、くっついてないかとか。あと、私は送り仮名で「ら」が要ったか要らないかとか、そういうのがわからなくなってしまう。

北原　「お話をする」は「お話」なのか「お話し」なのかとか。

山根　そういうときに本当にしょっちゅう引きます。

北原　そうなんです。しょっちゅうお引きになるというのが非常にいいんですね。

山根　読んでいるのも好きですけどね。

北原　辞書を読んで楽しむぐらいの人は言葉に対する意識が非常に高い人で、国語力は向上する。一番いいのはつくることですがね。

山根　そうですね。先生はもう何種類つくっていらっしゃるんですか？

北原　表紙に名前が出ただけでも二一冊かな。

山根　私は今回、本棚を見ていたら三五種類の辞書を持っていました。それはもちろん、地名辞典とか民俗語辞典とか、日本を知る辞典とか、そんなものを含めて。

北原　私も仕事部屋の机の一番近くの本棚は辞書を置いているんですが、本当に多いですね。

山根　読んでいると、けっこう楽しいんですよね。

北原　今までの国語辞典ですと字引の役割が中心になっているものが多かったのですが、これからの国語辞典は国語力の養成ということでいろいろな工夫が必要になってきます。例えば、山根さんの著書の中で、「次の電車は、この駅は止まりません」という駅のアナウンスがすごく気になった、「この駅には止まりません」と言うべきではないかというお話がありましたが、

山根　あれは「は」なのか「には」なのかという助詞の使い方の問題ですね。今までの国語辞典ですと、「に」や「は」のような助詞や「ない」などの助動詞について詳しい説明がされていませんので、なかなか引こうと思わないんですが、これからはそういう助詞や助動詞の微妙な使い分けについてもていねいに説明することがとても重要になる。

北原　ニュアンスがね。あれがやはり国語力、表現力ですよね。

山根　「役不足」のような間違いやすい言葉の誤用情報を充実させることも必要だし、「休まさせていただく」のような文法的に標準的でない用法についても、どうして間違いなのかという説明が必要ですね。表記や敬語の問題、適切な表現についても踏み込んだ解説が、日本語の理解を深めるうえでこれからの国語辞典に求められると思います。

私が欲しいなと思っている辞書は述語辞典というか……。働く女性向けの番組を担当していたとき、女性を苦しめている一番の元凶は男の沽券だ、「男の沽券」という意識が女性を苦しめている、というような話をしていたんですね。それで、ではこれから私たちが望ましい男性の像はどういう男性かというとき、男の沽券を捨てられる人というふうに使っていたんですが、沽券というのは「沽券にかかわる」とは言うけれども、「捨てる」とは使わないねと。では、沽券の場合は述語は何を使えばいいんだろうって。この言葉はどういう述語で使えばいいのか、それを漏れなく記したような辞書が欲しいなと思うんです。

北原　それは述語なんですか。例えば敬意といったら、「敬意を払う」だとか。
山根　述語とは言いませんか。上の言葉に対してどういう言葉が結びつくのかということですね。「払う」以外にも結びつくものはないかなとか、そういう辞書をつくってほしいな。例えば「采配を振る」なのか「振るう」なのか、そういう微妙な言葉がいっぱいありますよね。
北原　わかっていそうだけれども、間違うというのはね。「采配」というのは戦場で大将が指揮するために振るものですね。だから、あれは「振る」ですよね。
山根　よく「振るう」と言いますよね。
北原　「振るう」と言う人がいますが、あれは本来的には間違いです。
山根　そういう辞書が欲しいんです。先生、ひとつよろしくお願いします。悩んでいる言葉を全部メモしておきますので。
北原　そういう情報は確かに重要ですよね。私たちの国語辞典でも、言葉と言葉の関係ということを非常に意識して、一つ一つの言葉を考えていきましたから。
山根　あと、敬語用法辞典というのか、敬語そのものの解説はいっぱいあるんだけれども、私が困るのは例えば結婚式の司会を頼まれて、結婚式を主催する側の身になって司会をしますよね。そうすると、「新郎、新婦はただいま結婚式を無事に挙げてきました」と申しますけれども、では、「新郎のお父様は」と言うときに「父」でいいのかということと、「新郎のお父様はこう申しております」でいいのか、「おっしゃっています」と言うべきなのか、ものすごく悩んでしまうんです。

北原　これは敬語のしくみではなくて運用の問題ですね。

山根　だから、運用辞典みたいな。

北原　敬語の運用というのは、敬語の原理、しくみがわかっているだけではだめなんですね。

山根　この場面にふさわしい敬語はどうかというのがね。

北原　学校の先生や生徒にも悩んでもらいたいんです。もっと言葉に意識的になれと。要するに、辞書を引く気持ちになってほしいんですよね。そうしたら、辞書にはいいことがたくさん書いてありますから。引かなければわかりませんからね。

山根　辞書を引くのも努力して引くみたいなことになってしまうと、どうしても苦痛になるんですよね。だから、やはり癖にする、習慣にしていくというのが大事ですよね。

北原　そのためには座右に置くんですよね。机の上に必ず置いておく。私は各部屋に置いておくようにしています。そうすると、すぐ間に合いますからね。

体験を熱く語る

北原　先ほど、一〇歳までの言語環境が大事だとおっしゃいましたが、確かに一〇歳までのそういう環境は大きいとは思うんですが、中高校生の段階でもやはり言葉の正しい知識を身につけるとか、言葉のセンスを磨くようなことがとても必要かつ重要なんですね。

山根　そういう意味では、高校ぐらいというのは一番好奇心が強いし、一番伸びる時代ですよね。考えてみたら、読書なんかは自分のベースみたいなものができたのも高校時代かな。子ども時代からいろいろなものが好きだったけれども、やはり太宰治が好きとか、そういう素地ができるのが高校時代で、いろいろな授業中に本来の授業以外の無駄話をしてくれた先生がとても記憶に残っていますね。あの本がおもしろかったよということをちらっと言ってくれて、すぐ好奇心を持ってそれと同じ本を読んでみるとかね。高校生というのはもう大人ですものね。そういう意味で、先生にとってもすごくやりがいがあるのではないかと思います。私、前に本当の意味での知識人というのは、知識によってきちんと正しく世の中を見ることができ、正しく生きることができる人のことではないかと書いたことがあるんです。高校時代が知識を吸収していくのに一番重要な時期。今勉強しても全然残らないんですよね。あの時代、どうして勉強しなかったんだろうと、臍《ほぞ》を噬《か》む思いで後悔しています。だから、子どもたちに説得力ある先生自身の言葉で、いかに人間にとって知識が大切であるか、人間が本当によく生きるためには知識というものはどうしても必要なものなんだということを気づかせる先生になってほしいと思います。

北原　私も本当にそう思いますね。先生に情熱がないと教育は効果が上がりませんよ。先生は常に自分が前進して、それを生徒にぶつけるような、そういう先生でなかったら。国語力を生徒に身につけさせるというのも、先生自身が身につけるような努力をしたり、それから辞書を引かせたり、引いたらこのように楽しかったというようなことを紹介したりするというのを日常茶飯事でやってもらわないと、国語力は向上しないのではないですかね。これからの国語辞典は、それに応える内容を持っていますから、それをぜひお願いしたい。

山根　やはり伝わる言葉というのは体験を通した言葉ですよね。だから、先生自身の体験で語れるものを持ってほしいですね。

北原　体験を熱く語る。

山根　熱くが大事なんですよね。

〝問題な日本語〟と『明鏡国語辞典』

高校生の言葉の現状

——昨年（二〇〇四年）秋に刊行された『問題な日本語』は百万部を超すベストセラーになりました。さっそくですが、まずこの本をまとめた経緯からお聞かせください。

これは『明鏡国語辞典』から生まれた企画なんです。辞書は規範的な意味や使い方を説明するものですが、実際の言葉というものはすべてが規範どおりにいっているわけではない。いろいろ間違えたり変化したりした形で使われています。ありのままの言葉の姿というのはそういうものなんですね。言葉のそういう面についても解説するというのが『明鏡』の姿勢だったわけですが、この辞典を刊行したときに、そういう我々の姿勢をもう少し拡大して、高等学校の先生に、現場では実際どんな言葉遣いがされているか、問題だと思う日本語にはどんなものがあるかということをアンケートしたんです。そこで寄せられた言葉に解説をつけて、最初は小冊子にまとめたのですが、これが非常に好評なので、では一冊の本にまとめようということになって、この『問題な日本語』が誕生しました。

――実際に、高校の先生からはどのような声が多く寄せられたのでしょうか。

そうですね。まず、流行語を非常に多用している。しかも、特にテレビの若いタレントの使っている流行語を多用しているという意見が多くありました。その一方で、新しい流行語は使うんだけれども、本来の言葉がたくさんあるのに、それを適切に使うことができない。語彙不足ですね。これを心配する声も多かったですね。私もそういう声にまったく賛成で、ボキャブラリーが豊かでないと、適切な表現はできないし、理解も正しくできない。

それから、言葉を短くする。「気持ちが悪い」というのを「きもい」と言ったり、「うざったい」を「うざい」、「気色悪い」を「きしょい」など、短くした言葉が多いという意見です。

あるいは単語一語で間に合わせて、言葉が文になっていない。これは前から言われていたことで、私も言っているんですが、そういう連中を「タンゴ（単語）族」などと言うんですね。「すごい」とか「カッコいい」とか、何に対してもそういう一つの単語で間に合わせてしまうような傾向が非常に強い。あるいは「サンゴ（三語）族」。せいぜい単語三つぐらいしか使わないという若者が増えている。

あとは、敬語が上手に適切に使えない。教師に対してタメ口で話すという、敬語の運用についての指摘。

書き言葉と話し言葉の混用ということで、小論文や作文の指導で困っているという声もありました。今までだったら俗語や話し言葉として作文などには出てこなかったような言葉が平気で作文の中に出てくる。

――昔は一応、書き言葉と話し言葉の区別は何となく身についていたと思うんですが、最近はひょっとしてそれが混同されているようなこともあるんでしょうか。

書くチャンスが少なくなっているんです。メールも携帯の文もそうですが、あれは書き言葉ではなくて話し言葉で書いているのですから、非常に問題だと思うんです。

たとえば手紙にしても、今の子たちは手紙の文体というのが全然身についていないんです。手紙を書いていないから。たまに書くとしても、しゃべっているのと同じように、「元気?」というのから始まってしまう。もっと手紙を書くチャンスがあればだいぶ違ってくるだろうと思うのですが。それから、本を読んでいない。活字を読まないということと、書くことを繰り返すような場がないということでしょうね。場をつくらないわけです。

「日本語の乱れ」をどう評価するか

――ちなみにこのアンケートでは、高校の国語の先生の九一%が、最近以前にくらべて日本語が乱れていると実感しているという結果でした。「言葉の乱れ」ということで『問題な日本語』に話を戻しますと、この本は発売当初から、言葉の乱れということについては頭ごなしに批判するのではなくて、わりと理解があるというか、寛容な立場だというような評価があるように思うのですが、先生ご自身としては、言葉の乱れということについてどのようにお考えになっていらっしゃいますか。

私は誤解されている面があるんですよ。さっきの辞典の話の繰り返しになるけれども、やはり言葉というのは乱れているものなんです。使っていると変な言葉遣いというのは出てくる。人と違った言葉が使いたいとか、仲間うちだけの言葉、グループの言葉、若者言葉を使うとか、そういったいろいろな理由で変わった言葉というのは出てくるんです。その変わった言葉が一部で行われているうちはどうということはない。ところが、これが広い範囲に広がっていくと問題になってくるわけです。

私が言葉の乱れについてわりと寛容だと誤解されるのは、なぜそういう言葉遣いがされるのか、私は「誤用の論理」と言っていますが、間違っている言葉にも間違う筋道があるわけで、そこを探ってみるということをするので、何かそちら側に立っているように思われるわけね。でも、研究者としては、間違っているものについて、「どういう筋道で間違ったか」ということを追究するのは非常に楽しいことなんです。だから、それをやる。変な言葉をよいと認めるということと、変な言葉のどこが変なのかを深く探るということとはまったく別です。私は文化審議会で国語分科会の会長もやったりした人間ですから、乱れに賛成するようなことはありませんが、研究者として言えば、やはり新しい言葉が大勢を占めれば、それはその言葉が正しいとまでは言わなくても許容せざるを得なくなるということになると思うんです。

——言葉の歴史として、やはりそういうことはありますね。

そういうことがあるわけです。言葉の変化の歴史というのはそういう歴史ですから。この本は、そういうところをわかっていただくように書いています。だから、私が乱れた言葉に対して好きだとか賛成だというふうに言われるのは間違っています。

——ところで「言葉の乱れ」に一般の人も関心をもつようになってきたというのがここ数年の日本語ブームだと思うんですが、そもそも日本語ブームがこんなに大きくなってきた理由について、先生はどう評価されますか。

本当に自分が当事者になってみてもわからないところがありますが、いろんな要素が複合し、きっかけが重なってブームというのは起きるんだろうと思います。誰かがいい本を出したから、みんながついてきてブームになったというようなことだけではないでしょう。そもそも日本語ブームというのは、底流に常にあるんです。

文化庁のいろいろな調査でも、日本人は、常に言葉について高い関心をもっていることがわかります。日本語について関心をもっているから、いい本が出れば売れる。本屋さんでも「日本語」というのが書名にあると目にとまるようなところがあると思うんです。

それに加えて、若者言葉、あるいはマニュアル語など言葉が非常に乱れている。それを一般の人が聞いて、変だな、おかしいなと思う。問題のある言葉が一般の人の目につく状況が、いま非常に強くなっています。

大きな原因はパソコン、携帯、テレビあるいはコンビニ、ファミレスなどの普及で、若者言葉やマニュアル言葉が一般の人の耳や目に頻繁に入ってくる。今までの新語や隠語は、限られたグループの中だけで使われていてその範囲内だけのものだったのですが、みんなの前にさらけ出された。そういう〝問題な言葉〟が見えるようになってきたということがあるだろうと思います。

――変な言葉でも一般の人にまで浸透するのは、やはり言葉の力でしょうか。それとも大量に使われているとなじんでしまうということですか。

問題のある言葉の全部が広がるわけではありません。残る言葉はほんの一部です。残る理由は、言葉によっていろいろですが、なるほどと得心のいくもの、使い勝手のよいものなどは残りますね。「やばい」などというのは悪い言葉だと思うけれども、我々も「これはやばい」などとつい使ってしまう。「きしょい」は使わないけれども、「〜っていうか」などはいい大人がよく使っていますね。そういう自然に聞き慣らされて使うようになるというものもあります。「やばい」は最近では、「おいしい」というような意味で使われたりして、元気です。

――普通の人がそういう変な言葉に触れるきっかけも増えて、おかしいなと思っていたところに、たとえば本などが出てくると、そういうものがきっかけになってブームが盛り上がると……。

そうですね。どこが変なのか、なぜ変なのかということが解説されると、なるほどなと得心するんでしょうね。私は日本語ブームの底流は常にあると思っています。あるときにパッと皆さんが求めているところに当たるとブームになる。

『続弾！　問題な日本語』

――日本語ブームを盛り上げるのに一役買った『問題な日本語』ですが、まもなく第二弾の『続弾！　問題な日本語』が出ますね。今回はどんな言葉を新しく取り上げるのでしょうか。

第一弾との違いといいますと、まず敬語が充実しているように思います。具体的な言葉で指摘が一番多かったのは「千円からお預かりします」で、これについて取り上げました。それから、「させていただきます」をけっこうていねいに取り上げています。「さ入れ」の問題と「させていただく」の濫用の問題ですね。ほかにも、「〜してもらっていいですか」とか「〜で大丈夫ですか」などを取り上げました。

――今年の文化庁の世論調査でも敬語は取り上げられましたね。やはり敬語も日本語ブームというか、一般の人の関心が高いんでしょうか。

私が取り上げたのは〝問題な敬語〟だけれども、敬語は取り上げやすいし、やはり難しいので関心も高いのかもしれません。敬語は知識と運用能力と両方必要なんです。知識があっても、その運用のし方を身につけていないとうまく使えません。敬語を分類しなさいという試験に満点をとった人でも、話すときにとっさに適切な敬語が使えるかというと、そうではないというようなこともあって、使い込まなければいけない。あるいは訓練の積み重ねが必要です。

――本当に、正しいのか間違っているのか、自分でも使っていてわからないものもあります。今回の敬語の解説は、本当に勉強になりますよ。

――それから今回は、書名になっている「問題な日本語」という言い方についても取り上げていますね。

あれはいいでしょう。

――やはり第一弾でこのタイトルにひかれて買ってくれた方がけっこう多かったようですね。第一弾のまえがきで先生が、これも問題のある表現である、とお書きになっていたので、機会があればぜひ詳しくうかがいたいと思っていました。ちなみにタイトルで言いますと、今度は「続弾」ということですが、これもあまり聞かない言葉ですね。

やはり「第二弾」ではインパクトがないでしょう。だから、続く弾だから「続弾」。「続弾」「続弾」と何回も繰り返して言っているとなかなかいい感じがしてくるんです。

――先生がお考えになったんですか。

はい。私はコピーを考えるのが好きだから。しかし、今度はもっとおもしろい重要なテーマが満載されていますから、このままは書名と表紙で買ってもらったかもしれないけれども、今度は中身で買ってほしいですね。

“問題な日本語”その1「一〇〇〇円からお預かりします」

――一番関心が高かったのは「一〇〇〇円からお預かりします」という言葉だということですが、この表現について簡単に解説をお願いします。

この「一〇〇〇円からお預かりします」という表現には問題点が二つあって、まず、「〜からお預かり」の「から」とは何ぞやということです。それから、金を払っているのに「預かる」というのはおかしいんじゃないか、「いただきます」と言うべきではないか。この二点です。

本ではいろいろな意見があるということを紹介しましたが、結論を言えば、「から」というのは、とりあえず、まずは一〇〇〇円からという、そういう気持の「から」だろうと思います。そもそも、「人から物を預かる」という言い方はしますけれども、「物から預かる」とは言いませんね。「一〇〇〇円から」の場合の「から」というのは、まずそういうことから始めますという「から」で、まず一〇〇〇円からということだろうと思います。とりあえず一〇〇〇円。

「預かる」というのは、レジの構造を見ると、お客さんが払ったお金を一時預かる台があるんです。お金をそこに置いたまま、レジスターで計算して、何円と打って、それではこれを預かって精算してお釣りをお返しします、ということ。預かるというのはまさに預かっているわけで、正しいんです。

しかし、これを「一〇〇〇円から預かる」というように「から」とつなげると、これは「から」の使い方がおかしいということになって、表現としては間違いになります。でも、理由を考えると、まずは一〇〇〇円からという「から」と、お金を預かりますという「預かる」という意味もわからなくはない。

たとえば、「まずは一〇〇〇円をお預かりします」。これだったらいいでしょう。預かっているんです。でも、預かりますというのもまずいと言う人はけっこういるんです。これは、さっき言ったような「預かる」場面ではないところで使われていることが実際には多いからでしょうね。

——一〇〇〇円ちょうどの買い物をして、一〇〇〇円札を出して、「一〇〇〇円お預かりします」と言うのはいかがですか。

それは「預かる」のではなくて「ちょうだいします」ですね。むこうが最初に一〇〇〇円ちょうどですと言ったものに、あなたが一〇〇〇円払ったわけだから、「お預かりします」はおかしいですね。それは用法の拡大で、おかしい。もっと言うと、「カードからお預かりします」というのもあるね。

――「一〇〇〇円ちょうどから」というのもありますね。

それはもう、「～からお預かりします」という言い方がいったんできあがってしまうと、もうどんどん使い方が拡張するんですね。ただ、最近、気をつけて聞いていると、わりと使われなくなっていますね。かなり騒がれたので修正されたのでしょうか。

〝問題な日本語〟その2「違和感を感じる」

――「違和感を感じる」という項目もあります。これはどこが問題なんでしょう。

実は、第一弾の本文中にも「違和感を感じる」という言い方は何回かしてしまっているんですが、これは弁護するわけではないんだけれども、「違和感を感じる」というのはそれほど悪くはない言い方だと思います。

これは誤用だと考える人に言わせれば、誤用容認派ということになるかもしれませんが、じゃあ何と言えばいいんだと。「違和感を覚える」と言ったって、「感じる」も「覚える」も同じです。「被害を被《こうむ》る」は重言で「被害を受ける」が正しいんだと言うけれども、「受ける」も「被る」も意味は同じです。だから、「違和感を覚える」と言ったからといって、たしかに工夫の跡はみえるけれども、実質はあまり変わらない。

では、この重言がなぜ許せるものであるかというと、「違和を感じる」というふうには言えないからです。「不安を感じる」は言えます。だから「不安感を感じる」というのは変だけれども、違和感については「違和を感じる」とは言えない。

「感じを感じる」というのはまったくの重言です。「歌を歌う」と同じようなものですけれども、「歌を歌う」というのは再帰代名詞で、これは重言ではないので許せる。「感じを感じる」というのも再帰的な面はあるけれども、「感じを感じる」だと何も新しい意味が加わらないんですね。「感じる」だけでいいわけですから。

「中華料理の店を開店する」というのと一緒です。「開店する」は店を開くんだから「店を開店する」というのは変だけれども、「中華料理の店を開店する」というのはいいでしょう。「中華料理を開店する」とは言えません。「中華料理屋」というかわりに「中華料理の店」といっているのです。「そういう店を開店する」のだから重言だということにはなりません。だから、「違和の感じを感ずる」も、新しい情報が加わっているので、こういうときはいいんですね。「賞を受賞する」というのはおかしいけれども、「ノーベル賞を受賞する」というのは変ではないでしょう。これは賞ではなくてノーベルの賞だからいいんです。

ほかにももっとおもしろいものがたくさんあります。

そのほか気になる〝問題な日本語〟「よくなくなくなくない?」??

——まだまだいろいろうかがいたいのですが、あとは本を読んでくださいということで……。ところで、第一弾や続弾でとりあげた以外に最近気になっている言葉はありますか？

「よくなくない？」という言い方があります。「いいでしょう？」という意味で使っているんですね。「よくない？」と言うのが正しいのですが、もう一つ「ない」を付け加える。これが女の子の間ではやっているんです。これはテレビでも取り上げられたし、新聞でも問題にされたことがあります。「よくない？」というのは自分が「いい」と思っているときの否定疑問文ですね。つるしてある洋服を見て、「私はこれが気に入って買おうと思うんだけど、これ、よくない？」と言うでしょう。「よくなくない？」では、「よくなく」というのは「悪い」という意味ですから、「私は悪いと思うんだけど、悪くない？」ということになってしまう。ところが、これを「よくない？」という気持ちで使っているんです。もっとノリで、三つも四つも入れて、「よくなくなくなくない？」なんていうものまである。

——本当ですか？

本当ですよ。テレビで取り上げて放送したものがありますから、見せてあげましょうか。

——言っている本人も混乱しそうですね。

それが混乱しないんですよ。結局、最初の「よく」と最後の「ない」があればいいんです。私たちは、肯定の否定は否定で、そのまた否定なら肯定で……とやっていって、ああ肯定だ、もう一つ

「ない」を付けなくてはいけない、などと論理的に考えるんですが、中にいくつ「ない」をつけても、要するにこれは「よくない？」と同じ意味になるんだというんです。

――雰囲気で、あまり考えないんですね。

そうそう。これは誤用の論理というよりも、真ん中の「ない」はそもそも文の意味に関係ない。最初の「よく」と最後の「ない」があれば否定疑問文ができてしまう。

国語力と『明鏡』

――『問題な日本語』のもともとの発端は高校の先生からだということですが、学校の先生に向けてという観点でお話をうかがいたいと思います。先生は文化審議会などでよく「国語力」についておっしゃっていますが、国語力を高めるために大切なことですとか、高校の先生へのメッセージなどがありましたら、お願いします。

国語力を高めるためには、一つは語彙力をつけることです。語彙力というのは語彙の理解と使用の力ですね。語彙というのは、語の単なる集まりではなくて、語の体系づけられたまとまりのことですから、やはり関連させて言葉を覚えていくという、言葉の広がり、言葉の深まりをしっかりととらえることが大事です。もうちょっと言えば、物をだんだん細かく分けてとらえる。花という単語しか知らないと「花」だけですが、桃の花、桜の花、菊の花、……というふうに分けると、それだけ植物の世界がわかってくるでしょう。これはまた単語を自分のものにしていくということでもあります。

それから、もう一つは論理的に表現する力ですね。単語あるいは単語の表す意味（＝概念）を適切に使って、それを論理的に組み立てていく。この二つを身につけることが国語力を高めることになるだろうと思います。

――語彙力と論理的な表現力ですね。

そのために大切なことは、学校の教室が大事だけれども、それだけでなく普段の生活においても不断の努力を積み重ねることです。それによって国語力が身についていくだろうと思います。だから私は、先生には単に言葉を教えるだけでなく、自分でその言葉の意味や使い方を確かめるような、そういう習慣を身につけさせる指導をしていただきたいと思っています。さっき積み重ねると言いましたが、積み重ねる努力をするような習慣を身につけることがとても大事だと思います。たとえば辞書を引く習慣を身につけさせるとかね。今、学校では覚えさせることが中心ではないかと思いますが、覚えさせるのも大事ですが、一時間に言葉をいくつか覚えさせたって限度がありますから、自分で言葉を獲得するような、家の各部屋に辞書を置いておいて、わからなかったらすぐに調べるような、そういう指導をやっていただきたい。

もう一つは、本を読ませること。言葉の表面だけでちゃらちゃらしゃべっていたり、問題のある言葉ばかり使っているのでは国語力はつきません。名文などをじっくりと読んでその書き手からいろいろ学ぶことが大事です。そういう指導ですね。もちろん、その前に先生がたくさん本を読まなくてはいけないのは言うまでもありません。

——最後に『問題な日本語』を生み出したもとである『明鏡国語辞典』についてうかがいたいと思います。先ほどいろいろうかがったような誤用や敬語について、『明鏡』の中でどういう説明をしているのかお聞かせください。

これは、たとえば「ら抜き」や慣用句の誤用など、前から問題にされてきたものから、「なにげに」や「ふいんき」のような最近の誤用まで、とにかくいろいろな項目で解説しています。今回、『明鏡』の携帯版を新装するにあたって、別冊の付録として「明鏡日本語テスト」というものを付けたんですが、これを見れば『明鏡』にどんな解説があるかわかっていただけると思います。まぎらわしい意味や間違いやすい言葉の使い方、敬語の適切な用法など、全部で一二〇の問題をまとめたテストなんですが、すべて『明鏡』の辞典本体で解説してあることを取りあげていますから、実際に辞書を引きながら言葉の学習ができます。

《対談》 国語辞典を作る楽しさ——梶原しげる×北原保雄

十二万通の応募

梶原　今回、この「もっと明鏡」キャンペーン（注＝国語辞典に載せたい言葉や意味・例文を募集したキャンペーン）についての先生の講評を読んで、辞書を作るのはすごく楽しいんだろうなということを感じました。何だろうなと思った言葉を定義づけ、用例を考え、ひとつのものに仕上げていくという作業はものすごく楽しいですね。しかも、それをもとに人々は思考していくわけです。辞書というのは物事の基準、規範ですからね。それが作れるなんて、こんなすばらしい仕事はほかにないと思います。

北原　我々は時間に沿って言葉を発していくわけですが、その線のつながり方が文法なんです。それに対して、そこにどういう語をはめるか、そこに選択される語のまとまりが語彙、ボキャブラリーなんですね。語のまとまりが語彙ですが、そういう語について、どういう使い分けがあるかとか、どういう意味があるかというのを考えるのは、とても楽しいことです。

梶原　本当に、一つの法律を作るのに近いものがあると思います。ここに載っていれば私たちはお墨付きを与えられるというか、ほら見ろと人に言えるわけです。それだけ権威をもったものだと。

北原　だから誤りを書いてはいけないんですね。間違いを書いてはいけないけれども、今までと同じことを書いても進歩がないわけで、そのへんはやはりおもしろいところでもあり、緊張するところでもあります。

梶原　そういった、自分で辞書を作る楽しみをたくさんの人に味わってもらいたいということで行ったキャンペーンにみなさんが参加されて、一二万通ぐらいきたんですね。すごい数です。

北原　審査もなかなか楽しかったですよ。

梶原　一一万一四七二作品。全部に目を通すと、一つ一秒でも一二万秒。えらい時間ですね。これだけの方が、自分のがひょっとしたら載るかもしれないという乗りで参加してくれたということは貴重なことだと思います。

北原　こちらの思わくに乗ってもらったということですね（笑）。

①他者評価の語――「寒い」「引く」「きもい」

――特に気になった言葉や注目した作品にはどのようなものがありましたか。

梶原　やはり若い人たちの言葉では、思春期独特の他者評価の言葉、これはテレビのバラエティー芸人がよく使う言葉でもあるんですが「寒い」とか「引く」とか「うける」とか、そういう言葉がけっこうあります。

北原　評価の言葉ですか。

梶原　評価ですね。よく言われますが、若者が他者からの評価を非常に気にして、自分が浮かないように、全体の場の空気を壊さないように、人との友好関係を壊さないように非常に過敏になっている。そういう気持ちを、ちょっと突出した人について言う「痛い」とか「寒い」とか「引く」とか「うざい」とか、そういう言葉がやはり出ていたなという感じが非常にしました。

北原　「きもい」なんかもそうですね。

梶原　「きもい」もそうですね。日本人はやはり調和を好む民族なんでしょうか。出すぎたものはちょっとおかしい、みんな横並びでなければいけないと。個性だ何だと戦後さんざん言ってきたんだけれども、結局子供たちは、横並びで目立たないように、みんなと同じように、同じ空気を大事にしながら生きていこうとする。それで、少し規範からずれた人間に対しては手厳しい一言というんですかね、それが多い。「引く」とかね。

②吉本言葉──「ベタ」「ボケ、突っ込み」「かぶる」

梶原　やはり出てきたかなと思ったのは、いわゆる吉本言葉というんですか、吉本お笑い芸人の言葉。「ベタ」というのが出てきますが、「ベタな落ちやな」と。ベタというのは、紋切り型というか、工夫がないというか、当たり前というか、そんな感じですかね。「ボケ、突っ込み」なんていう言葉もありましたが、これもやはり漫才の世界の言葉でしょうね。

北原　ボケ、突っ込みはテレビでもけっこう解説しているんですね。あいつはボケで、こっちが突っ込みでと。昔は漫才は舞台に出てきて本当に漫才しかやらなかったんですが、今は楽屋が表に出てくるようなところがあるでしょう。そうすると、みんな知識がついてしまって、若者が二人でしゃべっているときでも、おまえはボケをやれとか、そういうような言い方をする。

梶原　キャラがかぶっている、という「かぶる」というのもありますね。芸人でも役者でもないのに、なんでそんなキャラを背負って生きていかないといけないのか。いわゆるパーソナリティーということでしょうか、キャラを決めて、それで居心地のいい立場を確保する、そんな感じがしますね。ところが、そこへたまたま誰かが来て、同じようにベタなことを言って落として笑うというタイプだったりすると、かぶってしまう。俺がせっかくベタなことを言ってうけていたのに、おまえが来たからキャラがかぶってしまったじゃないかというんですね。まるでバラエティー番組をやっているような人間関係なんでしょうか。

北原　テレビの影響は非常に大きいと思うんです。バラエティー番組は楽屋がそっくり放映されているような感じで、こちらの茶の間に入ってきますね。子供はあの言葉が標準だと思っているんではないですかね。

梶原　あそこで言われることが物の価値観にも影響してくる。やはり優等生であることはいけないとか、逆に優等生であるというキャラを売りにして笑ってもらうとか、とにかく笑ってもらわなければいけないみたいですね。どんな怒りキャラでもいいし、泣きキャラでもいいし、真面目キャラでもいいんだけれども、それがどこかで笑いに結びつかないと成立しない。編集でカットする（笑）。

北原　テレビというと、先生もああいうバラエティーにずいぶんご出演されるようになりましたからご存じだと思いますが、どこがカットされて、どこが編集で残るか。

梶原　おっしゃるとおりですね。真面目にやったらカットされてしまう。

北原　そういうのが一般にも来ているんじゃないですかね。編集でカットされるようなしゃべりをするやつはだめなんです。たぶん寒いやつなんです。だから、やはりキャラが立つことが大事になる。

北原　友だちづき合いでは、カットされないかわりに仲間外れにされてしまうんですね。「おまえはおもしろくない」と。

梶原　そうですね。なんで普通に生きているのに「ベタな落ちやで」とか言われなければいけないのか。「引く」とか言われなければいけないのか。何だかうけなければいけないとか、寒いことを言ってはいけないとか、そういう強迫的なものを感じてかわいそうだなと思います。

③貴重な作品——「与謝野る」

梶原　そんな中で、だからこそ貴重だったのは「与謝野る」という言葉です。これなんかはすごく貴重。やはり中学生もちゃんと与謝野晶子『みだれ髪』というのを学んでいるんだなと。

北原　やはり、文学史の勉強をしたからね。

梶原　したからなんです。まったく勉強しないやつは、まずこういうことは出てこない。

北原　ただ、「与謝野る」は髪が乱れていることだ、と言うんだけれども、あなたたちの髪が乱れているのは寝相が悪いんだろうと。晶子が乱れているのは、もう少し深いんです。あの乱れ髪というのは、本当に妖艶な、大人の乱れ髪なんですね。そこらへんをあっさりとやっているところがまた中学生らしい。彼氏がいないんじゃないか(笑)。

梶原　そこまで考えると「与謝野る」というのはけっこうな言葉ですね。「与謝野っちゃったんだよ、昨日」なんて。

北原　中学生だとまだね。かわいいところですね。

梶原　彼女は後にわかることになるわけですね。これはそういうことだったのかと。これは見事なものですね。髪が乱れている、なぜ乱れたのか（笑）。

④言葉の短縮――「パ」「H／K」「GHQ」

梶原　若者は感情や気持ちを短い言葉で表現すると言いますが、本当に短いなと思ったのに「パ」というのがありましたね。中途半端を「パ」というんですね。これなんかは、これ以上に短い語というのはないと思います。昔はパーだというとちょっと問題があったんですけれども、それとは違う「パ」で新鮮な感じがしました。

北原　『問題な日本語』の漫画にもありますね。「きもち悪い」が「きもい」になって、「きも」から最後は「き」になるという。「き」という語はまだ出てきていないようですがね。

梶原　短くなっていくというのは、なぜなんでしょうね。

北原　遊びですね、短くするというのは。たとえば、「すてき」というのは「すばらしい的」で、つまり「すてき」の「す」は「すばらしい」だという説があるんです。別の考え方もあるようですが。言葉を短くするのは昔からあったんですね。

梶原　私がまったく推測がつかなかったのが「H／K」ですね。これはわからなかった。

北原　「話は変わるけど」というのでは長いからね。

梶原　「追伸」の代わりに「PS」と書くようなものですかね。

北原　そうですね。ちょっと話題を変えるときに、絵文字ではないけれども、記号として。どれくらい普及しているのかわかりませんけどね。

梶原　似たようなものに、「GHQ」というのがありましたね。これは英語でゴーイング・ホーム・クイックリーの略。

北原　ジェネラル・ヘッドクォーターズじゃないんですか。

梶原　それは昔のもので、今の新語では「すぐに帰る」。サークル活動をしないでゴーイング・ホーム・クイックリーと。しかし、今の若者はジェネラルのほうを知っているのか……。

北原　GHQというのはいっぱいあるんですね。心理用語では、ジェネラル・ヘルス・クエスチョネアー。健康度をはかる心理テストなんです。

梶原　GHQは英語の頭文字だから穏当なんですが、「話は変わるけど」のように日本語をアルファベットにしたのは、ちょっと新鮮な感じがしました。NHKだって日本放送協会で日本語の略ですが、しかし文的な長い言葉をやったというのは今ふうですね。

⑤意味の拡大、転化——「はじける」「俄然」「やばい」

梶原　これまであった言葉に新たな意味を付け加えたというものでは、「はじける」というのが優れているなと私は思ったんです。「はじける」というのは、たとえば豆のさやがはじける、というのは『明鏡』に書いてあったんですが、「地味な人や暗い人、おとなしかった人が、何かを契機に明るく派手に変身すること」という、この「はじける」という意味がこれまで辞書になかったというのがむしろ不思議だったんですね。テレビの世界ではよく使っている言葉で、たとえばタレントのことを「なかなかはじけないね」とか「うちの子も二年目に入ってようやくはじけたよ」と言う。学生だと、夏休みを終えて新学期が始まって、おおっという感じですね。変わったね、はじけたんだよと。

北原　豆がはじけるという言い方はありますから、これはそんなに驚く意味ではないですね。変身するのをはじけるというのは十分わかります。

梶原　やはり従来の「はじける」の意味から連続して出てきたと。今「はじける」は、現実にはそのように使っている方が多いんじゃないですかね。

北原　そうですね。昔からある言葉を新しいまったく別の意味で使ってしまうというものでは「俄然」という言葉もありました。「俄然」の本来の意味は、にわかに、急に、という意味ですよね。

それを断然、やっぱり、というような意味に使う。ほかにも「やばい」を最上級のほめ言葉に使うというように、正反対の意味に使う言葉までありますからね。

梶原　このあたりは、広がっていくと、辞書が認めれば認められることになるんでしょうか。

北原　大多数が使ってしまうと、しょうがないんですね。そういうことはあります。長いスパンで見れば、本当に意味が変わってきている語がありますからね。たとえば『万葉集』に「世の中を憂しとやさしと思へども飛び立ちかねつ鳥にしあらねば」という歌があります。世の中を「憂し」というのは「憂い」ですね、つらい。「やさし」というのは痩せるほどの思いだと、これもやはりつらいという意味なんです。全体は、世の中をつらいと思うけれども飛び立つことができない、鳥ではないから、という意味で、「やさし」は「憂し」と似た意味なんですね。ところが、今の「やさしい」というのは、本当にハート・ウォーミングな感じでしょう。全然違った意味になっていますね。というふうに、意味がどんどん変わったり、正反対になったりする言葉があります。「あわれ」というのは、しみじみとした情感を表したのに、今は気の毒だというような意味になって、全然違っています。

⑥辞書から落ちていた言葉――「粗辞」

梶原　『明鏡』になんで入っていなかったのかなと思ったのが「粗辞」ですね。私も「粗辞」は昔

北原　から言っていたような気がしているんです。でも辞書にはないんですね。

北原　私も驚いたんですが、『明鏡』だけでなく、これまでの辞書には入っていなかったんです。大きな辞書にもないんです。

梶原　例がよくて、「誠に粗辞ではありますがお礼の挨拶と致します」と。このまま使えますね。粗酒・粗肴は辞書にもたしかに載っているのに、それがあるのなら粗辞があってもいいんじゃないかと思いますが。

北原　漢和辞典にもないんです。

梶原　そうですか。では、これは大発見ですね。

北原　辞書というのは前の辞書を参考にして項目を立てますから、前の辞書にないと大事な語でも落ちることがあるのです。だから、大勢の人に教えてもらおうと思ったのです。

梶原　ということは、今回の一一万何千通来たうちで、こぼれたものが拾える可能性は十分ありますね。

北原　それは大いにありますし、それがキャンペーンの目的の一つでもあったのです。

梶原　「粗辞」が掲載されていなかったのはまさに意外でした。そういうこぼれているものもあるんですね。

北原　そうですね。辞書を引いたけれどもなかった、というのはけっこう重大なことなんです。そんな言葉はないよという理由になってしまいますからね。

梶原　粗辞と使うんだけれども、でも辞書に載っていないから正しい言葉じゃないんだと言われればそれで終わりになってしまいますもんね。

北原　そういうことがありますので、やはり辞書の責任は重いんですね。

一方、あまり変なものを入れてしまうと、辞書にあるからいいんだと言われてしまう。このまえＮＨＫの放送で「喧喧囂囂《けんけんごうごう》」が正しくて、「喧々諤々《けんけんがくがく》」というのは誤りだと言ったら、放送中に視聴者からばんばん意見が入ってきたんです。間違いではない、『広辞苑』には出ているぞ、と。

梶原　出ているんですか。「侃々諤々《かんかんがくがく》」「喧々囂々《けんけんごうごう》」じゃないんですか。

北原　『広辞苑』を引きましたら、たしかに「喧々諤々」が出ていました。しかもこれは間違いと書いていないんです。「『喧々囂々』と『侃々諤々』とが混交して出来た語」という説明があり、意味が書かれていて、用例まで添えられているんです。

梶原　では「喧々諤々」は正解になってしまうんですね。

北原　正解になってしまうんです。放送で誤りだと言ったら、正解じゃないかという意見が来て、放送が終わってからスタッフが私のところに来たので、『広辞苑』にそう書いてあったってだめなんだと（笑）。

梶原　ぜひ先生はそうおっしゃってください（笑）。

北原　よく間違えるけれども本来は誤用だというようなことが書いてあればいいんですが、そんなことは書いてないわけです。ですから、一般の方はそれも正しいと思いますね。

梶原　思ってしまいますね。スタンダードなんだと。

北原　辞書はそういう責任があるので、問題のある言葉を取り上げるかどうか、また取り上げた場合、どのように説明するかというのは本当に難しいんです。

辞書を引く楽しみ

――国語辞典をどのようなときに使うか、「話す力」の向上にどういうふうに国語辞典を活用できるか、何かお考えがあればうかがいたいのですが。

梶原　やはり辞書は引きますね。自分がしゃべっているのが本当に正しいのか、適切か適切でないかというのをはかる尺度、スケールとしてやはり辞書はなくてはならないものです。言葉を間違えるということはけっこう恥ずかしいことで、根源的な恥ずかしさといいますかね。何かばかな人だなと、本当に思わぬところでばかが見えてしまうということが怖いんです。そこで、たしかこれはあったかなと、ひそかに辞書を引いてみる。そういうことがあります。

北原　いつも辞書を利用するような習慣をつけるということは大切なことですね。家に一冊ではなくて、各部屋に一冊辞書を置くぐらいのね。

梶原　昔のイメージがあるんじゃないですかね。辞書はつまらないっていう。

北原　一年ぐらい前のどこかの新聞の投書欄を見ていたら、父親の買った古い辞書を三〇年使っていて、もうボロボロだから今年は一冊買うことにするって、そんなのが投書欄に載っていたんですが、それは自慢にはならない（笑）。

梶原　ならないですよ。辞書が今これだけおもしろいということを、先生は啓蒙活動でやっていらっしゃいますけれども、一般的にはまだあまり知らないんじゃないですか。

北原　そうですね。辞書を引く楽しみね。

梶原　辞書を引く楽しみというと、井上ひさしさんみたいな相当なレベルの人が趣味とするような高度な楽しみだと思ってしまう。そうではなくて、もっと高度でない楽しみですね。今パラパラとめくっていたら「骨上《こつあ》げ」なんていうのがありましたが、「火葬にした死者のほねを拾い上げること」、おもしろいな、そういうのが骨上げか、とか。

北原　「ほねあげ」とは言わないとかね。

梶原　「こつあげ」と言うんですね。それから、辞書を開いてある言葉を調べていて、ぱっとこっちを見るとここが楽しめると、そういうおもしろさもありますね。たとえば「グルメ」を調べていると、つい「クレッシェンド」なんかちょっと見てしまったり、「くれむつ」……おっ、「暮れ六つ」か、というようなね。これは読み物としても左右二ページを見るだけで相当な言葉がある。「くるわ」、なんでグルメと郭なんだと。

国語辞典を作る楽しさ、難しさ

梶原　そういう意味では、普段辞書を楽しむという感覚の少ない中高生もこのキャンペーンに参加して、辞書に親しむという意義もあったわけですね。

北原　そうなんです。やはりこのキャンペーンは、言葉についての関心をもってもらおうとか、言葉に対してもっと意識的になってもらいたいというのが大きな目的のひとつです。おもしろい言葉を投稿してほしいというのは、おもしろがっているだけでなく、どこがおもしろいのか、変なのではないか、ということに気づき、言葉を意識してもらいたいからです。同じクラスのことを「オナクラ」と言うだとか、そういう変な言葉を投稿する一方で、それはやはり変なんだということに気づいてもらいたいのです。それから、先ほど梶原さんもおっしゃったけれども、辞書を作るというのは楽しいことなんです。アメリカなどでは、デフィニションという、単語について定義をする授業があるそうです。言葉の正確な意味をとらえるというのはとても大事なことですが、自分で定義してみようとすると、なかなか難しいんです。「山」でもいい「川」でも「海」でもいい、これを定義してみる。定義したものをもとに、これでいいかということをみんなで話し合うと、不足しているところ、よけいなところが出てきたりして、定義というのはなかなか難しいんですね。

それから、類義語との違い。「うれしい」という形容詞と「楽しい」という形容詞の意味は、どこがどう違うか。定義にも、内包的な定義、外延的な定義、あるいは例示的な定義などいろいろな定義がありますが、そういうことも含めて、我々が辞書を書いていくときのような、定義の勉強をする。言葉に関心をもって定義の勉強をするのは楽しいし、国語力を非常に向上させると思います。

概念を分析し語彙を豊かにする

梶原　まさにそうだと思います。たとえば、ワンパターンにストレスだストレスだと言うんだけれども、そのストレスを細かく分析してみると、明日試験があるということだとか、何か親に叱られたことだとか、記述していくことによってストレスというのは相当分析ができると思うんです。そのボキャブラリーが不足していると、とにかくむかつく、だからあいつのせいだと、非常に単純に物事をとらえることしかできない。

北原　たしかに感情的なもの、何かについての考えがカオス状態で頭の中にあるんです。それをほぐしていけば、適切な言葉を選んで、その適切な言葉で考えて、適切な言葉で論理的に話ができる。それができないから、「超」だとか「すごい」だとか、とにかく強調するような言い方になったり、あるいはそういう言い方さえできなかったりということになる。

梶原　大げさに言えば、言葉足らずで自分の思いを記述できないために、口に出せない、「えいっ」という短絡的な行動に出る。理屈で相手の言っていることを理解できないし、自分も表現できないと、やはり暴力とか、そういうアクションでしか表せない。だから、今の子供たちに足りないのは、もしかしたら語彙力ではないか。やはり語彙が豊富であるということが人生を豊かにするし、さまざまなリスクを減らすことにつながると思います。

北原　語彙が豊かになるというのは、概念が分析されている、分けられているということです。固まりがいろいろ分けられていると、その分けたものに言葉が与えられる。それが語ですから。概念が分けられていれば、たくさんの言葉を知っているということですね。語彙が豊富であれば、適切な表現も効果的な表現もできる。

時枝誠記さんという国語学者が、感動詞というのは分けられていない、分かれていない表現であると言っています。「ああ楽しい」と言うときの「ああ」というのは、本当に感情がそのまま出た言葉です。「楽しい」というのは、「うれしい」とは違う。あるいは「おもしろい」ということでもない。「楽しい」というのは分析された表現です。「楽しい」しか知らないと、うれしいときも「楽しい」と言うし、おもしろいときにも「楽しい」と言うくらいしかできないけれども、それが分かれてくれれば、これらの分析された表現を使い分けることができる。心配なのは、感動詞しか使わないことです。「ああ」とか「うえっ」とか「きーっ」とか言っているのは感情的表現であって、そのほかの言葉、名詞や動詞・形容詞などを豊富にするというのは、非常に大事なことだと思うんですよ。

梶原　非常に大事だと思います。まさに思春期にあって、もやもやが、先生のおっしゃる感情のカオスが解けない。それを解くにはいろんな言葉を資源として体の中にもっていれば、それをつむぎ出すことができる。

北原　そしてまた表現もできる。

梶原　そうすると相手も「なんだそういうことだったのか」とお互いにリレーションがもてるんですね。

『明鏡国語辞典』第二版の刊行

徹底して only one を目指す――改訂のポイント

――『明鏡』が八年ぶりに改訂されます。まず、そもそも初版のコンセプトから教えてください。

「編者のことば」にも書きましたが、「もう一冊の辞書」ではなくて「ただ一つの辞書」、英語で言えば another one を加えるのではなく、only one を創ること。これは私の信条でもあるわけだけど、そういう目的のもとに、初版の時から、従来の辞書にはない、いろいろな試みをしました。例えば「ボールを打つ」と「ホームランを打つ」のように動作の対象に重点を置くか変化の結果に重点を置くか、というような文型を重視した解説をした。それから、特徴的な語法、類義語との違い、注意すべき誤用とか敬語表現など、丁寧な解説と的確な用例を多くして、日本語を深く理解し的確に表現するのに役立つということを考えて作りました。

――各方面から非常に評価が高かったそうですね。

おかげさまで国内外から非常に好評を得ました。外国からも、日本の利用者からも、本当にいろいろな角度からいい辞典だとお褒めをいただきました。

——評価の高い辞書の改訂ということで、読者の期待も高いと思いますが、今回の改訂のポイントを簡単にお願いします。

まず、辞典はある程度時間が経つと、その間に新しい言葉が出てきますから、それを増補しなければいけないということがあります。この辞典は特に現代の生きた言葉を理解するのに役立つということを考えていますから、そういう新語・俗語で定着したものは取り上げました。

もうひとつは、初版の時にも考えていたんだけれども、誤用ですね。定着したものは取り上げると言いましたが、問題のあるものもかなり大幅に取り上げて、どこが問題かということを丁寧に解説しようとしたのがこの改訂の一つの目的です。辞書にとって一番大事なのは言葉の規範を説明することなんですが、間違った言い方をしている人の役に立つためには、そういう部分の手当てが必要なわけですね。これをもっと徹底してやろうと考えました。

敬語についても、ほかの辞書に比べたら初版でも進んでいたと思っているんですが、少し不十分なところがあったのと、二〇〇七年に出た文化審議会の『敬語の指針』なども踏まえて、さらにわかりやすく解説し直しました。

そのほか、今度常用漢字表の改定がありましたので、それを踏まえて漢字の表記情報も一新しています。

「ツンデレ」から「苦艱」まで――四〇〇〇項目の増補

――辞書の改訂というと「項目の増補」が真っ先に思い浮かぶのですが、『明鏡』ではどのくらい増補したのでしょうか。

さっき言ったように、一〇年経つといろいろ言葉が増えますので、言葉を増補したのが約四〇〇〇項目。増補の項目数としてはかなり大規模です。初版の『明鏡』は、解説や項目の中身は詳しいけれども、ちょっと語が不足してるっていうような面があって、それで増補しました。

――具体的にはどんな語を取り上げましたか。

若者言葉も含めて、新しい言葉が巷間飛び交っています。それはほとんどが一時的なもので、うたかたのごとくかつ結びかつ消えていくのですが、中には長く使われる言葉もある。みんなが感心するような言葉で残るものがあるんですね。そういう、いわば市民権を得たような言葉を取り上げたということです。

例えば、「空気を読む」なんていうのは、成句として今回入れました。「お取り寄せ」もまだほかの辞書にはないと思います。新語・カタカナ語としては「マイナス成長」「スマートフォン」「アプリ」……。漢語では、変わったところでいうと「就活」「婚活」とか、あるいはインターネットのオークションなんかで、きれいな品物をいう「美品」という言葉。昔からあるのかもしれませんが。

――『明鏡』では二〇〇五年から継続して「みんなで作ろう国語辞典!」(「もっと明鏡」キャンペーン)として国語辞典に載せたい言葉や意味・例文を募集する企画を行っています。そこで寄せられた言葉の中で今回辞書に入った言葉はありますか。

例えば「上から目線」なんていう言葉が入りました。それから「ツンデレ」、鉄道マニアの「テッちゃん」とかね。「家電《いえでん》」なんていうのはまだ立項している辞書はないんじゃないですか。普通は「かでん」って読んじゃって、電話のことになりませんからね。携帯が普及したから「いえでん」という言葉が生まれました。

――今回増補した四〇〇〇項目の中には、新語以外にも、近代文学を読む時に出てくるような、いわば「古い言葉」が含まれるそうですね。具体的にはどんな言葉を増やしたのでしょうか。

そうですね。例えば「苦艱」。……読めないよ、こんなの(笑)。

――先生も読めない(笑)。

いや、読めますよ。「艱」は「艱難辛苦《かんなんしんく》」の「かん」ですからね。

初版の時に、理科や社会については教科書によく出てくるような語は採ろうっていうことでかなり採録したんですが、今回特に国語教育の中で生徒に辞書を引いてほしいっていうことがあって、特に高校国語のほとんどの教科書に載っている「羅生門」「山月記」「こころ」「舞姫」のようないわゆる教科書古典、有名教材に出てくる語で、ちょっと難しい言葉も拾いました。古い言葉はね、大きな辞書には載ってるんですよ。ただ、従来の小型辞典だと、普通だったらなかなかこのへんの言葉まで入らない。そうすると子供たちが調べる手段というのがないもんですから。そこまで幅広く気を配ったっていうことですね。

――「ツンデレ」から「苦艱」まで、かなり幅の広い辞書になったという感じですね。

国語辞典史上初、使える三つの索引

――ところで、今回の改訂では、従来の国語辞典にはなかった独創的な索引が付いたそうですね。

最初に言った、今回の改訂の目玉である誤用や敬語の解説と連動して、別冊で「誤用索引」「敬語索引」「気になることば索引」という三本立ての索引を作りました。この索引から辞書本体の解説に入っていくことができるようにしたというのが、国語辞典で初めてとなる大きなポイントです。この索引を有効に使えば、この辞典が三倍にも一〇倍にも活用できるようになっているんですね。

①誤用索引

――具体的に、「誤用索引」から順番にうかがいます。索引の使い方や、誤用として解説した言葉に例えばどんなものがあるか、教えてください。

誤用といっても、表記だとか語法だとか意味だとか、いろいろな面があるんですが、例えば、最近多い言い方で「いさぎ悪い」と言う人がいます。「いさぎよい」の語源はよくわかりませんが、切れ目は「いさ／きよい」なんですね。これを「いさぎ／よい」だと思いこんで、「いさぎ」が良い悪いと言っちゃう人がいるわけです。そこで、例えば「誤用索引」で「いさぎ悪い」っていうのを引くと、「○いさぎよくない」とあって、「いさぎ悪い」は正しくは「いさぎよくない」なんだということがわかる。そして、辞書本体の「いさぎよい」の項目を見ると、その解説が書いてあるわけです。これは語形の誤用。表記の誤用としては、「いさぎ良い」というふうに「良」を使ってしまうとかね。「いさぎよい」に関しては「誤用索引」に誤用の例を四つ出しています。

——普通、辞書は正しい言い方で見出しが立っているので、正しい言い方を知らない人は言葉を調べようがないわけですが、これがあると「あ、間違えてた」ということに気づくことができる。そういう点でも非常に役に立つ索引ですね。

②敬語索引

——次に「敬語索引」についてうかがいます。

最近たしかに敬語が乱れていますが、敬語の使い方を間違えるのは昔からあったことなんですよ。僕はもう今から三、四〇年前にある女子大で敬語の授業をしていて、期末試験の時に、「時間が余ったら、授業の感想でも何でも好きなことを書いてください」といったらね、「先生に敬語の講義を受けたので入社試験にも合格しました。ありがとうございました」って書いてあったんです。だけど、肝心のその敬語の試験は0点。全然できていない（笑）。だからね、自分では敬語に自信ができたんでしょ。自信で合格した（笑）。敬語というのは、敬語の仕組みを知ることと、それを運用することとは違うんですね。運用の仕方がわからない人がけっこういるんですよ。それに対する手当てとして、この辞書では敬語について抜本的に解説を変えてわかりやすくしました。それを項目の中に全部ちりばめてあります。「いただく」についてわからなかったら「いただく」の項目を引けばいいんだけども、「敬語索引」を見ると、他の項目で「いただく」の解説をしているところも全部載っていますので、どこを見ればいいかっていうのがわかるようになっているわけです。

――敬語の解説を抜本的に変えたとは、具体的には。

まず、敬語は人を高めるために使うものだということをはっきりと打ち出しました。例えば、「〈いらっしゃる〉は〈行く〉という動作の尊敬」なんて書いてある本がありますが、動作を尊敬してるんじゃないんですよ。〈行く〉という動作について、行く主体、行く人を高めてるんです。そのへんを、初版も少しわかりにくかったかもしれないけれども、今回ははっきり書きました。

謙譲語も、今まで「へりくだる」という言い方をしていたのを、「高める」というふうに変えました。謙譲語は対象尊敬語という呼び方が昔からあるんですが、動作の及ぶ対象を尊敬する、高めるものです。「差し上げる」といったら、何か自分がこう頭を下げてへりくだって相手に差し上げるみたいだけど、そうじゃなくて、相手を高めてはいるけれども自分はへりくだらなくていいわけですよ。相手を上げれば差はできるわけですから。なにも自分を下げることはない。謙譲という名前が誤解のもとだから変えたいくらいですが、まあすっかり定着していますから、すぐには変えられませんけどね。

それから、丁重語という範疇を設定しました。丁重語は丁寧語に含めてもいいんだけれども、丁寧語は「です」「ます」と決まっていますからね。付属語じゃなくて自立語の用法がありますので、丁重語という範疇を設けた。「参る」なんかがそうです。「参る」については、相手（＝聞き手、読み手）に対する改まった気持ちを表すと説明しています。このへんは『敬語の指針』ともともと僕は同じ考えだったからということもありますが、変わっていません。丁重語というのは丁寧語と同じ「相手に対する敬語」だという説明の仕方は『指針』と同じです。『指針』では「謙譲語Ⅱ（丁重語）」としていますがね。

③気になることば索引

――三つめの「気になることば索引」ですが、これは「誤用索引」とはどう違うんでしょう。

誤用や敬語にも密接に関わるんだけれども、どうもなんか変な言い方じゃないかと気になる言葉がある。第二版では、これもたくさん取り上げています。

ちょっと例を挙げますと、例えば最近若い人が「コーヒー代は何円ですか」って聞くのがおかしいんじゃないかという質問が読者から来たんです。「何円ですか」っていう聞き方はやっぱりちょっと俗っぽい幼稚な言い方で、「おいくらですか」を使ったほうがいい。あるいは、確率は「大きい」というのか「高い」というのか、あるいは「多い」というのか。確率の程度はどういう言葉で表すのが一番適切かとか。「誤用索引」は○×をわりと明確に付けやすいものの索引ですが、「気になることば索引」は、必ずしも○か×かは付けられないが、より適切な使い方を知りたいというようなものに対して、規範的な使い方を調べて、それを解説した項目についての索引です。

――そういう索引は今までありませんでしたね。

索引が、というより、そもそも国語辞典にはそういう解説がなかった。『明鏡』では初版からいろいろ解説してきましたが、今回それをさらに増やしたということです。さっき言ったように、『問題な日本語』などで読者からたくさん質問や指摘をいただいた。読者カードだけで一〇〇〇通を超えてますから。そこに一人何件も言葉の疑問が書いてあるわけです。そういうものを丁寧に見ていって解説を付けました。その解説に索引からたどりつけるようにしたわけですね。

「誤用」と「気になることば」の間――辞書の規範性

――ところで、いわゆる問題な言葉を、今回「新語」「誤用」「気になることば」のどれで採るかというあたりの、先生と『明鏡』の判断基準についてうかがいます。「乱れか変化か」

というようなこともよく問題になりますが、どこまでが認められてどこからが誤用なのでしょう。

僕はね、僕個人の本であれば、言葉の変化を眺めて、どうしてそうなってるのかということを研究者の立場から述べる、それでいいと思っているんです。そうすると「誤用容認派」だとかいって批判されたりするんだけれども（笑）。ただ、辞書はちょっと違うだろうと思うんだよね。辞書はやはり正しい言い方を知りたくて引く人が多いわけですから、語の形、意味、使い方、まず規範をしっかりと示すのが第一だと思うんです。じゃあ規範とは何か、正しいって何か、ということになってくるわけですが、僕は、「もともとはこうだった、本来はこうである」ということをひとつの基準にしようと思っているんです。もともとはと言っても、遡っていけばどこまでも遡れるわけですが、それほど古い時代にまではいかなくても、まあ、おじいちゃん、おばあちゃんの時代はそんな言い方はしなかったよ、というくらいで。もっといえば、僕もおじいちゃんの世代ですから、僕らからすれば、というくらいの基準ですね。

それに加えて、現在の使用実態。八割以上の人が使っていたらもう一般化している、五割だったら「もともとはこうだから注意しよう」とかね。要するに言葉の変化というのは、一般論として多数決のような面があるわけですよ。全部がそうなれば変化終了で新しい形が正しいものになる。これは間違ってると言ったって、みんながそう言うということになればもうそうなっちゃうんです。

ただ、本当にことわっておきたいのは、辞書の第一は規範を示すことだということです。その一方で、最初にも言いましたが、現実に行われている言葉は規範的なものを基本としながらも変化あるいは誤用を交えたものです。だから、そこをちゃんと押さえていないと、本当に役に立つ辞書にはなりません。

――規範ということを意識しつつ、現実の言葉を見すえたと。

そうですね、現実の言葉も取り上げる。辞書は規範的なものだから変な言葉は全然取り上げない、こうあるべきだという「べき論」だけでいくという立場もあるでしょうが、それは潔癖すぎるというかな、じゃあこっちは不潔みたいだけど(笑)、役に立たない。現実の言葉は変化していますから、そこをとらえて「誤用索引」とか「気になることば索引」で手当てしてやろうというのが『明鏡』の考え方なんです。

役立つ情報を一覧に――コラムの増補

――今回、コラムも増補されたそうですね。例えばどのようなものがありますか。

例えば「お返事」と「ご返事」、「お葬式」と「ご葬式」のような「お」と「ご」の使い分けのようなこと。本来は漢語には「ご」が付くんだから「ご返事」のほうがいいと思っている人がいるようだけど、実際に調べてみると半々くらいです。「葬式」なんて、あんなに難しくて漢語らしい漢語でも「ご葬式」なんて言う人はゼロで、みんな「お葬式」でしょう。和語だからって「おゆっくり」なんて言う人はいない。「ごゆっくり」ですよね。

算用数字で書くと間違いになる言葉、というのもあります。最近インターネットなどで横書きの文章が主体になってくると、今まで漢数字で書いていたような数字を含む言葉を算用数字で書いちゃう人がたくさんいるんですね。例えば「超1流」「3振」「1人っ子」などのように。でも、ではどのへんまでを算用数字で書いちゃいけないのかって、たぶんあまり習ったことがない。そのルールみたいなものがわからないと思うんですよ。そういうものの目安をコラムにまとめました。

辞書だと個別の単語を項目に立てて説明するので、例えばさっき言ったような「お返事」がいいのか「ご返事」がいいのか、全部の項目にそういう情報を付けることはできません。ですから、そういった情報をコラムでまとめて、問題を整理して説明することで、ほかの言葉についてもそれから類推して考えてもらうようなことを考えました。国語辞典の単独の項目では全部を説明することができない、それを一覧でやったというのが、今までの国語辞典にはないことだと思います。

意識から行動へ

——国語の力を高めるために、学校の先生や実際使う高校生にはどんなことを意識して辞書を使ってほしいですか。

先生方にお願いしたいのは、まず生徒たちに辞書をどんどん引かせる、引く習慣をつけさせるという指導をしてほしいということですね。言葉の力を身につけるのは生涯学習だと僕は言っているんだけど、学校で先生がいくつかの語を取り上げて教えても、数には限度がある。それも大事だけども、もっと大事なのは辞書を引いて語彙を増やす習慣を身につけさせることです。

それから、複数の辞書を比べて、内容が一様でないということを確認させるという指導。辞書によって解説が違いますからね。どの辞書がいいと先生に言ってもらわなくてもいいんだけれども、まあそうしたら『明鏡』がいいっていうことがわかりますけどね（笑）。

さらに、自分で言葉を定義させてみるということ。「みんなで作ろう国語辞典！」はそれを一つの目的にしているんですが、自分で言葉を定義してみると、言葉って大変なものだということがわかるんです。教えてもらうだけ、辞書を引いて知るだけじゃなくて、自分で定義をしてみる。例えば「机」について定義してみると、自分の周りだけ見て「足が四本あって……」と定義しても、三本のものもあるわけだし、テーブルとの違いもわかるようにしなければならないし、いろいろな問題が出てきます。具体を抽象するという練習になりますからね。

――高校生に向けてはどうでしょう。

やはり辞書は自分の机の上に一冊置いておくだけでなく、家の各部屋に置いておいて、わからない言葉、へんな言葉が出てきたら、すぐに引くようにしてほしい。

それから、古い辞書を使っていてはだめです。辞書は内容も作り方もどんどん進化していますからね。同じ辞書でも、旧版と改訂版はまったく違います。

もうひとつは、知らない言葉を引くだけじゃなくて、読んで楽しむという利用の仕方が辞書にはあるんだということ。特に『明鏡』はそれに応えられる辞書になっているから、ぜひ読んで楽しんでほしい。電子辞書も便利だけれども、紙の辞書のページを開いて「読む」楽しみをぜひ知ってほしいですね。

――「みんなで作ろう国語辞典！」のお話がありましたが、そういった場で若い人たちの言葉の感性と向き合っていて、何か感じていらっしゃることがありますか。

発言力というかね、発表力は増しているんだけれども、問題なのは語彙力が非常にプアになっているんじゃないかということです。「みんなで…」に新語を投稿してくるのは若者言葉を使っているような一部の人でしょうが、一般的に、書き言葉に対する話し言葉の比重が大きくなって、書き言葉に接する時間、量が少なくなっている。その結果、どうもその場の間に合わせのような言葉が飛び交ってるんじゃないかという気がしてしょうがないんです。やっぱりもっと本を読んでもらわなきゃね。風潮として、効率主義がけっこうあるんじゃないか。要するに伝わればいいじゃないかというような風潮が。丁寧に詳しく伝えるというのはそんなに簡単なことじゃないんです。

――昨年発表された文化庁の「国語に関する世論調査」では、「日本語を大切にしている」

と答えた高校生世代の割合が、前回調査と比べて著しく増えています。言葉に対する高校生世代の意識は変わってきていると見ていいのでしょうか。

日本語ブームなんていう記事も読んだりして、けっこう意識が変わってきているのかもしれない。「みんなで…」でも一〇万通以上の投稿があるわけだからね。

ただね、さっき敬語のところで知識と運用は違うということを言ったんだけれども、この場合も、意識と行動は違う。「ら抜き言葉」の調査をした時、「自分はら抜き言葉を使っていると思うか」と聞くと「使ってない」、「人が使っているのが気になるか」と聞くと「気になる」と答えた人が多かった。だけど、実際にはみんなものすごく使ってるんですよ（笑）。だからね、わかっちゃいるけどやっちゃってる、っていうところがあるんですね。

——そうですね。きっと高校生は素直だから、「大切にしなきゃ」と思うんでしょうね、何となく（笑）。

思うんだよ。いま日本語が乱れてるとか、このままいくと日本語はだめになるとか。これではやっぱりまずいぞと思いはするんだけど、実際に使っている言葉は……（笑）。だから、そういう意識が出てきたのはいい傾向で、意識があるのはないよりもいいと思うけれども、その意識をちゃんと実行に移すような努力が必要ですよね。

——向上した意識を、この第二版を使って今度は行動に移すと。

そうですね。いい方向に結論が出てきたかな（笑）。

――最後にひとつだけ。気の早い話ですが、『明鏡』第三版ではさらなるどんな進化を考えていますか。

ほんとに気の早い話だね、校了もまだなのに（笑）。まあ、一番最初に言ったように、言葉は変化するし意味のとらえ方も変わりますからね、いずれ第三版は作るだろうけれども、今「最良最高の第二版」を作ったばかりのところですから（笑）。

――「最良最高の第二版」ですね。本日はありがとうございました。

紙の辞書の効用

近年、電子辞書が急速に普及しています。私も使っています。確かに電子辞書はとても便利です。

本の形態で言うと、最初に巻物の形に作られた巻子本《かんすぼん》ができ、次に糸で綴じた冊子本《さっしぼん》になり、そして、電子本が現れたということになります。巻子本では奥の方をすぐに見ることができませんが、冊子本だとどのページでもすぐに開いて見ることができます。そして電子本では、好きな部分だけを取り出して見ることが可能になりました。これは、歴史の流れだと言えるでしょう。

かつて巻子本には、原文の行間やその部分のちょうど裏（紙背）に読み方（音）や意味（義）を記載するという知恵がありました。この読み方や意味の注を取り出し整理して音義書が作られたりもしています。音義書はいわば辞書の一種で、他の経典や漢籍を読む場合にも利用することができ、利便性は格段に増しました。

巻子本の注は、もともと本文を読むためのものですから、冊子本で言えば、頭注や脚注に当たります。最近の小学校、中学校、高校の国語の教科書には、辞書を引けば載っているような語句が頭注や脚注として載っています。これに対しては、努力して辞書などで調べるべきで、そういう努力をさせないのはよくないという意見があります。電子辞書も、この頭注や脚注と性格が似ているような気がします。多くの場合、その場、その時に必要な語句をすぐ参照するだけで終わってしまうからです。

単語はたくさんあります。その中から、今自分が必要とする語句を努力して探すのは大切なことです。紙の辞書で、たくさんの語彙の中から単語を引くという作業の繰り返しの中でこそ、日本語の語彙全体を知る能力が育成されていくのではないかと思います。

新幹線や高速道路で目的地まで一気に早く行けるのは大変便利ですが、途中には何もなくなってしまいました。そこでたくさんのものを失いました。便利さだけでは身に付かないこともまた多いのです。

Ⅳ 敬語・言葉遣い

「敬語の指針」について

平成一九年（二〇〇七）二月、文化審議会が「敬語の指針」を答申した。これは、その二年前、つまり平成一七年（二〇〇五）三月に文部科学大臣から諮問された「敬語に関する具体的な指針の作成について」に対する答申である。文化審議会では、平成一二年（二〇〇〇）一二月に「現代社会における敬意表現」いう答申を行っている。平成一二年の答申では、敬意表現は、相互尊重の精神に基づく言葉遣いであり、敬語や敬語以外の様々な表現から適切なものを自己表現として選択するものだと定義し、説明している。

敬意表現は敬語によってだけなされるものではない。敬語以外の様々な表現によってもなされる。しかし、敬語は敬意表現の中核である。そういうことで、今回の答申は、「敬語」を用いた言語表現を敬意表現の中に位置付けようとしたのである。

さて、今回の答申では、敬語の区分が最も反響を呼んだ。従来の、①尊敬語、②謙譲語、③丁寧語という三分類を改めて、①尊敬語、②謙譲語Ⅰ、③謙譲語Ⅱ（丁重語）、④丁寧語、⑤美化語の五種類に分けたことに対する賛否両論である。一般の人々の多くは学校で三区分を学習してきた。どの敬語が尊敬語で、どの敬語が謙譲語に属するかは正確に言えなくても、尊敬語、謙譲語、丁寧語という術語は知っていて、それでよいと思っている。謙譲語をⅠとⅡ（丁重語）に分けるのはなぜか、美化語とは何ものか、三種類を五種類に改めるのは複雑にするだけではないか、という疑問、反論である。専門家の中にも反対論はかなり多かった。

①尊敬語は、「相手側又は第三者の行為・ものごと・状態などについて、その人物を立てて述べるもの」と説明されているが、要するに「言葉の上で高く位置付けて述べるもの」で、従来の尊敬語の考え方と変わらないから問題はない。

問題なのは、謙譲語である。②謙譲語Ⅰは、「自分の側から相手の側又は第三者に向かう行為・ものごとなどについて、その向かう先の人物を立てて述べるもの」と説明され、「先生にお届けする」「先生をご案内する」「先生へのお手紙」「先生への御説明」などの例が上げられている。謙譲語Ⅰと呼ぶのは、次の③謙譲語Ⅱと区別するためで、謙譲語Ⅰは従来の謙譲語と基本的に変わるところがない。

謙譲語のどこが問題なのか。それは③謙譲語Ⅱ（丁重語）である。これは「自分側の行為・ものごとなどを、話や文章の相手に対して丁重に述べるもの」と説明され、「明日から海外に参ります」の「参る」や「拙者」「小社」などが例として上げられている。しかし、答申にも明確に述べられているように、謙譲語Ⅱは〈向かう先〉に対する敬語ではなく、〈相手〉に対する敬語である。〈相手〉に対する敬語ならば（だから）、謙譲語ではなく、むしろ丁寧語に近いものである。歴史的事情を考慮して謙譲語の亜種としたのだろうが、すでに〈相手〉に対する敬語になっているのだから、「話や文章の相手に対して丁寧に述べるもの」と説明されている④丁寧語の範疇に属するものである。謙譲語Ⅱは、「参ります」のように、ほぼ必ず丁寧語「ます」を伴って用いられる。これも敬意の向かう相手が丁寧語と同じで、丁寧語の仲間だからである。

最後に、⑤美化語だが、「ものごとを、美化して述べるもの」と説明され、「お酒、お料理」などの例が上げられている。耳慣れない術語だと思う人もいるかも知れないが、中学校の国語教科書にも載り、すでにかなり一般化しているものである。答申では、①から④までの敬語と違って、〈行為者・所有者〉、あるいは〈向かう先〉を高めるものでもなく、〈相手〉に丁重に、あるいは丁寧に述べているということでもない、として、狭い意味での敬語とは性質の異なるものだと説明している。しかし、どういう時に、だれに対して美化語を使うかということを考えてみると、やはり〈相手〉に対して美化して述べるときに使っているのである。

敬語には、答申の術語に従えば、〈行為者・所有者〉〈向かう先〉〈相手〉の三者が関係するが、敬語の区分においては、第一に、前二者と〈相手〉に分けなければならない。そして、③謙譲語Ⅱは「丁重語」と改称して〈相手〉に対する敬語にしっかりと位置付けるべきである。また、⑤美化語も〈相手〉に対する敬語に位置付けられること上述の通りである。

かくして、

《話題の人物に対する敬語》①尊敬語　②謙譲語

《相手に対する敬語》③丁重語　④丁寧語　⑤美化語

のように二種五類に整理すれば、同じ五種類の区分でもよほどすっきりするというのが、私の考えである。

タテとヨコの適正距離

言葉は変化するものです。敬語とて例外ではありません。「絶対敬語」という敬語があります。これは、どういう場面でも、どういう人に対しても、自分が高めて言おうとする人に対しては敬語を使うというものです。自分の両親のことを、他人に対しても、「お父さん」「お母さん」と呼ぶ類です。これは現代の日本では適切でないとされますが、昔は使われていましたし、現在でも地方によっては残っているところがあるようです。また、お隣の韓国などでは普通に使われています。

現代の日本語では、相手や場面がとても重視されるようになっています。敬語を使う場面では、相手に対する敬語（丁寧語）「です」「ます」は不可欠です。「あなたも行きますか？」と「あなたもいらっしゃる？」を比べてみてください。前者の方が自然で、後者は尊敬語を使っているにもかかわらず馴れ馴れしい感じがしませんか。丁寧語があれば、まずは最低の敬意表現は足りるということです。

文化審議会答申の「敬語の指針」にいう「謙譲語Ⅱ」も相手に対する敬意の表現に他なりません。そして「尊敬語」も「謙譲語Ⅰ」もほとんど相手または相手側の人に対して使うものです。言うまでもないことかもしれませんが、「謙譲語Ⅰ」で表される敬意は自分（話し手）のものです。たとえば、

「あなたからご主人に差し上げてください」と言った場合、夫に物を渡すのは相手ですが、敬意は自分から相手の夫へのもので、相手から相手の夫へのものではありません。

ただ、ここまで、敬語は敬意を表すもののように説明してきましたが、もっと根本的なことがあります。それは、たとえば、母親が子供に対して、「ご飯ですよ。早く起きなさい」のように敬語を使い、奥さんが訪問販売の人に対して、「うちは間に合っていますから、必要ございません。お帰りください」のように敬語を使うのは、どうしてかということです。

結論から言うと、敬語は距離を保つための表現だということです。母親が子供に敬語を使うのは、子供を尊敬しているからではなく、子供に距離を置くためです。販売員に対しても全く同様です。販売員を高めなければならない必要性などさらさらないのです。尊敬するというのは上下方向に距離を置くということだったのです。距離の置き方には二方向があって、もう一つ横方向に距離を置くということもあるのです。知らない人、初対面の人には敬語を使い、親しい人には敬語を使いません。敬語の本質は距離を置くことだということが分かると、敬語の働きが見えてきます。

好印象を与える話し方

言葉の乱れは広がる一方

「見られる」「出られる」と言うべきところを「見れる」「出れる」とする「ラ抜き言葉」、「読ませていただく」を「読まさせていただく」とする「サ入れ言葉」、「なにげなく」と言うべきところを「なにげに」、「一緒にやろうよ、みたいな……」の「みたいな」、「一万円のほうからお預かりします」の「ほう」……。『明鏡国語辞典』の刊行を記念して、全国の高等学校の国語科の先生方に「気になる日本語」を指摘してもらったところ、実にたくさんの「ヘンな日本語」が集まりました。前掲のものはその一部ですが、みなさんも頻繁に耳にされる言葉ではないでしょうか。

言葉の乱れは、ここ数年、さらにひどい状況になってきているようです。僕の個人的な認識では、誤った言い回しが増えてきたというレベルではなく、言葉を伝達する構造そのものが変わってきています。

言葉には「書き言葉」と「話し言葉」があります。書き言葉は書物の世界のものと考えていただいてけっこうですが、ロングセラーやベストセラーの存在からもわかるように、空間的にも時間的にも非常な広がりを持つものです。また、書き言葉は推敲することができるので、表現が練られて、より適切な言い回しになります。たとえば手紙に「っていうかさあ」と書きそうになっても、いざ書いてみるとおかしく感じられて、最終的には「というか」「と言いますか」と改めます。

逆に話し言葉は、少人数の間で交わされる、そのときだけのものです。話すそばから消えていくため、推敲することができません。ジェスチャーをつけたり、言い足したりすることができるので、不十分な話し方でも事足ります。結局、間違った言葉遣いや珍妙な言い回しは、多く話し言葉から出てくるのです。

ところが、テレビが普及して以来、話し言葉が書き言葉の特徴である空間的広がりを兼ね備えるようになりました。テレビの言葉は話し言葉です。しかも、今はお笑い番組が全盛で、お笑いの人たちが仲間内での会話を早口でまくしたてる番組が多いでしょう。それを何十万、何百万もの人が見聞きするのですから、影響は大変なものです。いくらＮＨＫが正しい日本語でニュースを流しても、太刀打ちできません。

テレビだけでなく、漫画や携帯電話、メールも話し言葉の世界の拡大に一役買っています。メールは声にこそ出しませんが、文字を使った話し言葉です。先ほどまで一緒にいた人に、別れて帰る道すがら「さっきは楽しかったね〜！」などとメールしたり、電話をしたりしています。

つまり、以前は話し言葉を使うのは面と向かって話しているときだけだったのに、携帯電話やテレビが普及したせいで、今は朝起きてから、夜寝るまでずっと話し言葉の中で過ごしているわけです。逆に本を読むことはどんどん減ってきて、書き言葉に接する時間は減少する一方です。結局、近年の言葉の乱れは、話し言葉が書き言葉の特徴を備え、その世界が拡大したために起きたと言えます。

では、なぜ間違った言葉の使い方や言い回しが生まれるのか。たとえば、「やむをえない」を「やむおえない」と書いたり、「やもうえない」と発音したりする人がいます。これは「やむをえない」の本来の形、「止む（こと）を得ない」が忘れられ、正しい意味も分からなくなったためです。

また、最近、「違う」を「違かった」「違くて」などと活用させて使う人がいます。これは動詞「違う」の連用形が、「AはBと違い」、のように使われ、「い」で終わる形容詞と、意味と用法が似ているところから、形容詞的に活用させて使われるようになったものでしょう。

これらは明らかな間違いですが、こういう言い回しが生まれた理由は理解できます。日本語には、「違う」に相当する形容詞が存在しないからです。つまり、新しいものの言い方が生まれる背景には、それなりの理由があるのです。ただし、そういう言葉を使っていると、「あの人、バカじゃないの？」と言われてしまうかもしれません。

印象を左右するポイントとは

では、知的で好印象を持たれる話し方とはどのようなものでしょうか。僕はぜひ、「奥ゆかしい」言葉遣いをめざしていただきたいと思います。

「奥ゆかしい」の「ゆかしい」は、動詞「行く」が形容詞化したもので、そちらの方へ行ってみたくなるほど興味がひかれる、というのが、もとの意味です。そこから、知りたい、見たい、聞きたい、のような意味になります。つまり、「奥ゆかしい」は、「奥のほうへ行きたい」がもともとの意味で、「なにか奥に秘めているものがありそうで、もっと知りたい」と思わせるような状態をいうんですね。「もっと知りたい」と思わせるのですから、人をひきつける秘めた魅力と知性がなくてはなりません。

具体的なことを言いますと、まず、曖昧な言い方は好ましくありません。近頃の気になる表現で言えば、「私的には」や「気持ち的には」などのような「的」の多用です。言い方を厳密に使い分けなくてもよいという便利さはありますが、ストレートに自分の考えを言おうとしない〝逃げ〟の姿勢を感じさせます。

また、本来、「私はお饅頭とかケーキとか、お団子とかの甘いものが大好きです」という具合に、いろいろなものを並列して言うときに使う「とか」を、並列するものがないときに用いるのも感心しません。「今日は会社とかにいって、机に座って、本とか読んだ」と話されると、うんざりしてしまいます。

この「とか」が代表例ですが、言葉そのものは間違っていなくとも、使い方が適切でないために、周りに違和感を与える言い方にも注意が必要です。「というか」も――今ふうに言えば「っていうか」ですね――、本来は「CというかDというか」と、自分の言葉をあれこれ吟味してよりよい表現を探すようなときに用いる言葉ですが、最近は話題を転換する際に使われたり、断定を避ける際に用いられたりしています。これも、非常に子供っぽい、教養のない印象を与えることになります。

言葉自体が不適切だという乱れもあります。「きもい」「うざい」といった若者言葉がそうですね。これらは「気持ち悪い」「うざったい」を短くしたものですが、言うまでもなく、こんな日本語はありません。つまり、言葉の適切な使い方には〝言葉自体が適切〟〝使う場面が適切〟の、二つの適切があるのです。

具体的な言葉遣い以外では、話す相手への思いやりを忘れないことも重要です。一例を挙げれば、「私って～じゃないですか」という言い方。初対面の人に「私って〇〇大学を出ているじゃないですか」と言われたら、「そんなこと、知りませんよ」と言いたくなりますが、反発したくなるのも、「初対面なのに、あたかも自分のことを相手が知っているかのように話す身勝手さ」を感じるからです。同じ意味のことを伝える必要があるならば、「私は〇〇大学を出ていましてね」と言うべきなのです。

思いやりとは、言葉を換えれば、距離感の把握でしょうか。今、話している相手と自分はどんな間柄で、どういう言葉遣いまでなら許されるのかを意識する必要があるのです。距離をとりすぎても慇懃無礼と受け取られるし、近すぎると馴れ馴れしく思われる。

距離感を演出するのは敬語です。ただし、敬語を使いこなすのはなかなか難しい。尊敬語、謙譲語、丁寧語の別があるし、間違って使うのはもちろん、使いすぎてもいけない。だからこそ、敬語を適切に使いこなすと非常に知的な印象を与えることができるのです。

明瞭な発音で話すことも大切です。自分の言葉遣いが相手にどんな印象を与えているか、自分が話しているところを一度録音して聞いてみるのも、勉強になると思います。

まず語彙を充実させよう

以上、好印象を与える話し方のポイントとして「曖昧な言い方をしない」「適切な言葉を適切な場面で使う」「相手への思いやりを忘れない」「敬語を正しく使いこなす」といった点を挙げました。しかし、このような話し方は一朝一夕に身につくものではありません。では、どうすばいいか。まずは語彙を増やしましょう。

「語彙」とは言葉のまとまり、「彙」はハリネズミのことです。ハリネズミのハリが絶妙な間隔で体系的かつ有機的に生えているように、言葉もバラバラの状態で頭に入っているわけではありません。動詞は動詞、形容詞は形容詞の引き出しに整理されて入っていて、たとえば、「美しい」の仲間には「綺麗だ」「麗しい」、あるいは「かわいい」などが並んでいます。その中から最も適切な言葉を選んで使っているのです。

ところが、最近は語彙の少ない人が多いように見受けられます。なんにでも「的」をつけて、「私的には」で済ませているのも、「私にとっては」「私の場合は」「私ならば」などの使い分けができないからでしょう。

語彙を増やすには、自分の使っている言葉、他人が使っている言葉に意識的になることです。誰かと話していて、自分の知らない言葉や言い回しが出てきた場合は、相手が親しい人ならその場で聞いてみましょう。帰宅後に辞書を引いてみてもいいですね。もちろん、辞書に載っていることがすべてではないけれど、スタンダードな日本語を知る目安にはなります。たとえば「きしょい」が載っていなければ、「使わないほうがいい言葉なんだな」と判断できるでしょう。

今、「目安」と言いました。これまでお話ししてきたことと矛盾するようですが、実は言葉には絶対的な正しさはないのです。言葉は、時代とともに変化していくからです。

たとえば、「とんでもありません」は今では「とんでもない」の丁寧な言い方として広く認められていますが、一昔前までは誤用とされていました。今でも国語辞典によっては「とんでもない」

の丁寧な言い方は「とんでもないことでございます」とされています。「流れる」「助ける」などの動詞も、昔は「流るる」「助くる」でした。

結局、言葉は、その使い方をする人が多数になれば間違いではなくなるのです。最近、「雰囲気」を「ふいんき」と読んだり言ったりする人が増えています。現在では「ふいんき」なんて誰が使うのと思っている人が多いと思いますが、これも「山茶花」が「さんざか→さざんか」と変化し定着したように、「ふいんき」が主流になるかもしれないし、「きしょい」が市民権を得る日が来るかもしれません。

誤用であれ、新語であれ、だいたい八割くらいの人が使うようになれば、そちらのほうが一般的だということになります。やがて本来の使い方をしている人の方が「あなた、古いわね」と言われるようになり、最後は死語になる。事実、今、「ラジオ」を「無線受信機」、「ホテル」を「洋風旅館」なんて言うと、変な人と思われるでしょう。

言葉は常に揺らいでいるものであることがわかっていただけたでしょうか。ただし、奥ゆかしい読者のみなさまにおかれましては、まだ定着していない言葉はお使いにならないほうがよろしいかと存じます。

最終的には本を読むこと、これに尽きます。言葉に意識的になり、語彙を増やす。そういう毎日の積み重ねがあなたの言葉の力を向上させます。

言葉の勉強は生涯学習

私は以前（二〇〇四年）、『問題な日本語』（大修館書店）という本を出版しましたが、これが非常に好評をいただきました。これは、若者を中心に氾濫《はんらん》している「変な日本語」「問題な日本語」を取り上げて、どこがおかしいか、何が変なのかを解説したものでした。

一方で、どちらが正しいかがわからないような言葉というのもたくさんあります。ですから、「変な言葉」がどうして変なのか、だけではなく、「言葉の正しい使い方」についても、十分に知る必要があります。そこを取り上げたのが、『日本語どっち⁉』（金の星社、二〇〇六年刊）という本です。二者択一のクイズ形式で、どっちが正しいかを考えながら、日本語の勉強をしてもらおうというのが趣旨です。問題は子供でも解けるものですが、だからといって、お父さんやお母さんが正答できるとは限りません。言葉というのはそういうものです。

私の友人も、「一回やってみたけど、二回目をやると、またできない。考え過ぎて間違えてしまった」などと話していました。

ただ、言葉は何度も意識することで身についていくものです。言葉の勉強というのは、まさに「生涯学習」で、毎日の積み重ねこそが、その人に言葉の力をつけるのです。ですから、あるときさっと覚えても、すぐ忘れますし、使わないと錆びてしまいます。毎日、毎日、死ぬまでが勉強です。

頭の中身は見られない——出てきた言葉がすべて

それに、言葉というものは、人間の深さ、力、品格まで、すべてを表わすものです。「言《こと》の端《は》」ですからね。「言」というのは頭の中にあるものです。それが口から出てくる「端」が「言葉」です。相手はこの端々でその人を理解するというわけです。人の頭はスイカと違って、割って中身を見るわけにはいきません。ですから、出てきた言葉がすべてなのです。

顔を変えようと思っても無理ですが、言葉は磨けば変えられます。ですから、気付かないで変な言葉を使っている人や、品の悪い言葉を使っている人など、「問題な日本語」を使っている相手は、私から見ると気の毒です。

「問題な日本語」が氾濫しているのは、具体的にいえば、話し言葉が非常に幅を利かせているからです。その原因としては、テレビが大きいでしょう。

テレビによって、茶の間に直に話し言葉が入ってきてしまいます。しかも、今のテレビの、特にお笑いのトークなんかは、楽屋における個人的な話のようなもので、ざっくばらん過ぎますし、大阪弁なのか東京弁なのかわからないような言葉になっています。

話し言葉は即時的なものです。ですから、考えたり後戻りしたりすることができません。言ってしまったら、それでおしまいです。間違った言い方も出てきますし、その場でウケをとろうとして、わざと変な言葉を使う場合もあります。

一方で、書き言葉は、書いては消し、また書いては消す。推敲《すいこう》する時間があります。読み手も、推敲を繰り返してでき上がったいい文章を読むことができます。そうすることで、いろいろな言葉を覚えますし、正しい言葉の使い方がわかるようになります。

問題なのは「話すように書く」こと

「メールが日本語をダメにしているんだ。全部潰してしまえ」という人もいます。それはちょっと極論ですが、メールは文字を書いて伝える、書き言葉の世界のものであるのに、崩れた話し言葉で書かれているというのが問題です。

話し言葉には、声色もあれば、表情もあるし、イントネーションもあります。ところが、書き言葉にはそれが全部ありません。そのため、しっかり書かなければ通じないのです。

若い人の中にはメールで顔文字や絵文字を使ったりすることも多いようです。話し言葉をそのまま文字に打ち、顔文字をつけたりします。でも、あれは補助具です。嬉しいなら嬉しい、悲しいなら悲しいと、それがちゃんと伝わるように言葉で書くべきです。

つまり、メールやネット上で文章を書くことを普及させるなら、正しい文章を書くための教育が必要です。メールやネットという手段そのものが悪いわけではありません。むしろ、「そういう場に使うのは書き言葉なのだ」ということを、きちんと教えることが大事です。そうしないと、言葉がどんどんダメになってしまいます。

教育ということでいえば、義務教育でぜひやってほしいのが、単語のまとまり、つまり語彙を増やすことです。それと、論理性を養うこと。豊かな語彙を正しい論理の展開の中に適切にはめていく力、それが国語の力です。この力の向上には本を読む習慣をつけさせることです。

加えて、国語の時間で教えるだけではなく、自分で言葉を身につけていく姿勢を教えることが必要です。言葉の勉強は小学校が終わればそれで終わりというものではないのですから。

日本語に関心を持てば日本語は守られていく

私は、自分の立場からいうと、皆さんに日本語についてもっと関心を持ってほしいのです。そうすれば、正しい日本語が守られていくと考えるからです。ですから、これからも日本語の本をどんどん仕掛けていきたいと思っています。俗に「日本語ブーム」とも言われますが、本だけでなく、テレビ、ラジオなど、さまざまな媒体でみなさんと楽しみながらやっていきたい。日本人が日本語に関心を持つような雰囲気がずっと続いていくことを願っています。

《対談》日本語の微妙なところを意識してほしい——河合隼雄×北原保雄

問題な日本語

河合　最近の日本語ブームには、どういう背景がありますか。

北原　日本人は日本語、言葉について興味や関心の強い民族だと思います。漢字を中心にして、音と訓があって、いろんなことを考えさせてくれるのが日本語です。例えば、「学」という言葉ですと、「入学」がある、「進学」がある。学校に入ることだ、学校に進むことだというようなことですね。その反対に「退学」は、学校を退くことだとか……。

河合　怠ける「怠学」もある（笑）。

北原　そうですね。そういうことで、知らず知らずに言葉について考えさせるような言葉になっている。日本人もそういうことがあって、言葉に関心が深いんじゃないかと思うんです。最近、問題な言葉が非常に氾濫している。氾濫するのにも理由があります。一つは、変な言葉をつくる側がいること。それから、それが広がるような社会構造になっていること。昔は、

河合　変な言葉というのは、仲間内だけでしゃべっていたから、変じゃなかったんですよ。

北原　そうそう。それは僕らが子どものころでもありました。

河合　ところが、今はそれがテレビでポッと茶の間にもち込まれたりして、仲間内から外に出るような状況がある。そうしますと、「何だ、あれは」と気にしたり怒ったりする人が出てくる。

北原　それから、まねする人。両方出てくる。

河合　そうなんです。それで、本当に良識のある人や言葉について真剣に考えている人は「あれは変だ、問題だ。だけど、どこがどうしてなのかわからない」というので、私の本が売れると（笑）、こういう構造なんです。

北原　しかしね、売れるってことは、それだけみんな関心をもっているわけです。そうでなかったらそんな買わないでしょう。それにしても、テレビの影響力というのは大きいですね。

河合　テレビは、おもしろおかしい番組が多く、芸能人の若い人たちがグルになってやるでしょう。あれは仲間の中ではいいんですけど、あれを放送されちゃまずいんですよね。

北原　しかも、みんながまねしだすとね。

河合　ですから私は、テレビが悪いのならテレビを使って、少しでも正しい日本語を意識してもらうために、まじめに日本語について関心をもってもらおうと思い、日本語のクイズ番組を始めたんです。これで全部よくなるわけじゃないけども、関心をもってもらって、日本語の微妙な違いとか、正用と誤用の微妙なところを意識してもらおうと思っているんです。テレビが罪滅ぼしすべきだというわけです。

河合　確かに僕らの中学、高校のときでも、無理に変なものの言い方をして、みんなで喜んでました。それは自分らだけで、卒業したらやめますよね。ところが、それが今は流行になったり、しかも大人までまねしたりしますね。

北原　自分のキャラをつくろうと思って、わざと変な言葉を発明してるのもいるんです。でも、ある面で、変な言葉がぼんぼん出てくるというのは、言葉に活力があるということで、悪いことだとは思いません。新しい言葉というのは、結構新鮮な響きがあるんですよね。それをあまりいうと、私は何か「問題な日本語」容認派だと、マスコミにいわれますんでね。私はそういうときに、「私は文化審議会国語分科会の元会長なんだ。そんな問題な言葉の容認派であるはずがない」と言うんです（笑）。問題な言葉がどういう論理でつくられるのかということを丁寧になぞると、容認派のように見えてくるんですね。

河合　問題な言葉が主流になるとか、そっちのほうがカッコいいとなるとちょっと困る。それと、みんなが正しいのを知らなくなってしまうのは困りますね。

実際の言葉はずれている

河合　先生は字引をつくられるときに、国語の先生方と一緒に話をされて、いろいろおもしろいことがあったでしょう。

北原　『明鏡国語辞典』というのをつくったんですけれども、辞書というのは規範を示すものです。正しい意味、用法を解説するものですけど、それだけではなくて、実際の言葉はずれてるわけです。そのずれてるところも取り上げて、ここはどういう点がおかしい、だけども非常に多くの人が使っているとか、そういうところにも解説を延ばしていくようにつくったんです。

河合　それがおもしろいですね。

北原　この前も、「とんでもありません」とか、「とんでもございません」は間違いだというんですよ、学者さんはね。「とんでもない」というのは、「とんでもある」と言えないじゃないか。「とんでもある」と言えないなら、「ある」のところを「ありません」とか、「ございません」と直すのはまずいと。

河合　「とんでもない」しかない。

北原　どうしたらいいかというと、「とんでもない」は切っちゃいかん。「とんでもないことでございます」が正しいというんですけど、そんなことといっても、今の世の中、「とんでもないこ

河合　とでございます」なんて回りくどいことを言っている人がどこにいますか。「全然すばらしい」という言い方をする人があるでしょう。普通は「全然」とか、「まったく」は否定ですね。肯定に使い出しましたね。これはどうですか。

北原　これはいただけませんね。ただ、歴史を調べますと、明治のころは肯定とも呼応しているんです。

河合　あ、そうですか。明治時代に。

北原　ですから、昔は肯定と呼応する「全然」というのが大いにあったんです。ところが、最近では「全然」は否定と呼応する。肯定と呼応するのは「断然」です。「断然」と「全然」を間違ってるんじゃないか。言葉は変わるものですけど、今のところはやっぱり「全然いい」というのはよくないですね。「全然悪い」ですね（笑）。

言葉と以心伝心

河合　世代間の言葉が違うからコミュニケーションに支障を来すということがあるというんですが、どうですかね。

北原　今は核家族の家庭が多くて、おじいちゃん、おばあちゃんと孫が一緒に生活していない。今の子どもたちは、先生と親と友達しかなくて、近所がないわけです。コミュニティが非常に狭い。ほとんどの時間が子ども同士ですから、さっきの仲間言葉だけになっちゃうんです。

河合　しかも、友達いうても横ばっかり。僕らのときは年齢の違う者が一緒にいたでしょう。

北原　結局、言葉が問題になるのは、違った集団、違った分野の人との接触のときですね。仲間の中ではどんな言葉を使ってもいい。もっといえば以心伝心で、「なっ」「おっ」と言って通じるわけです。ところが、違った分野の人とつき合うとそうはいかなくなる。そこでコミュニケーションができないという問題が起きてくると思うんです。おじいちゃんおばあちゃんもそうですし、世代間だけじゃなくて、横でもボランティアとか、あるいはインターンシップとか、そういうところでほかの世界に行って、緊張してしゃべるような機会があると、もっとしっかりとした言葉が育つんじゃないかと思うんです。

言葉と人間の距離

北原　高校の先生よりも、小学校、中学校の先生に注文があるんですけれども、子どもの次元に下がって会話をするでしょう。あれはよくないと思いますね。「おまえら、集まれ」とか言ってるでしょう。

河合　そうそう。それから、同じ言葉でやってます。

北原　やっぱり先生は敬遠される立場にいなきゃいけないんで、優しいけども厳しいというのでないとまずいんじゃないかと思うんです。そうしないと、「ついてこない」というんですが、それは優しさが足りないからですよ。

河合　それは大事なことじゃないですか。現場の先生に「私はもう生徒と一緒です」と言われたんで、「あなた、一緒ですか。そしたら授業料払ってくださいい」と言ったんですよ。向こうはお金払って、あなたはもらってんのに、なんで一緒やと。絶対違わないといかんわけ。

北原　私には小学校の教室に立っても、そういう言葉は使えないですね。だいたい、「おまえら」とは言わないで、「皆さん」と言うと思うんです。「です・ます」を抜いてるでしょう。あれはほんとに子どもの次元に下がっちゃってるんですね。

河合　僕らはカウンセラーとして、子どもに会うでしょう。難しいんですけど、僕らは、相手が小学生でも中学生でも、初めは丁寧な言葉を使います。「どうぞおかけください」という調子です。そしたらね、中学生が「大人扱いしてもらった」と言ってました。子どもまで大人として頑張らないかんという気になってくるんですよ。

北原　先生は、相手と自分との距離を考えて、言葉を使うべきだと思うんです。考えずに彼らの目線まで下りれば、理解してもらえると勘違いしてるんじゃないですかね。

河合　人間の距離の問題というのが、今はものすごく難しいんです。昔は距離を身分で全部決めてたんです。そうすると、今度はそれだけ盾にとっていばるやつが出たりするから、それはまた問題やったんです。今は必要な距離とか、その距離を表現する言葉はどうかとかいう意識が消え過ぎたんでしょうね。

北原　なくなっちゃっているんですね。縦の距離と横の距離と同じことなんですがね。

河合　そうそう。両方ありますね。

北原　敬語を使うのは距離を保ってるということですから、親しくなったら敬語はとっていいわけです。高く保つか、横に離して保つかの違いはありますが、距離を保つという点では同じことなんですね。

河合　そうそう。

北原　その機能をもっと身につける、頭で理解するのではなくて、ちゃんと実行できるような先生であってほしいですね。敬語の使えない人は野卑で、野暮で、いけないいんじゃないですかね。日本の敬語は確かに難しいけど、そんなに複雑に覚えなくても……。

河合　やたらにつけることもないし。

北原　そうなんですよ。ですから、聞く耳はもっていても、自分の使う敬語は単純にしておいていいと思うんですけども、それさえできないというのは、日本人として失格ですね。

書き言葉への懸念

河合　日本の言葉はいろいろ変化していくんですが、書き言葉まで変わっていくんでしょうかね。

北原　みんなが書く時代になっていますからね。これからは使える単語が非常に少なくなり、語彙も乏しくなる。また、文の長さも短くなる。そういう話し言葉の不完備な表現に、書き言葉が一致していくんじゃないかと心配ですね。述語を最後まで言わない。「あんたどうしたの」と聞くと、「私、文化庁に……」とそこまでで、「行ってきました」とか「行くところです」とかまでは言わない。あとは相手に想像してくれですね。

河合　確かに話し言葉では省略しますよね。それを書き言葉にまで……。それはメールの影響が大きいですか。

北原　それもあるでしょうね。携帯メールなどは、スペースが狭いですから、話し言葉以上に短くなって、足りない分は絵文字かなんかを使って補いますからね。「文章というのは行間を読むんだ。携帯には行間がない」と、どなたかが言ってましたけど。それから手紙を書かなくなりましたしね。

これから注意しなければならないのは、個人も、日本全体も、語彙を豊かにすることですね。それとしっかりと詳しく丁寧に述べるような長さが言葉に保たれていかなければいけないと思います。

河合　そのためには、やっぱり読書が大事なんですかね。昔に比べると、学校の先生が本を読まれないと思いますが。

北原　昔は、読んで「おもしろいよ、あの本は」と語ってくれた先生がいました。「もうあれは泣けるよ」と言うと、全員とまではいかなくても、読む子がたくさんいましたね。

河合　私は、忙しくなったことのマイナス面として、学校とか、家庭に物語がなくなったと言ってるんです。

北原　おっしゃるとおりですね。

河合　命令は短いセンテンスでしょう。報告も短いでしょう。命令と報告があって、物語がないんですよ。先ほどの「あれはおもしろかった。泣けたよ」というのは、完全に物語でしょう。

北原　命令は行動をいざなっているわけですし、報告は何かやってきたことを報告するだけですからね。日本中に余裕を振りまかないと、文化は廃れますね。

河合　学問の「スコラ」は、「暇」という意味でしょう。本来は、余裕からきてるんですね。

北原　余裕というのがないと、文化は生まれ育ちませんね。能や歌舞伎を観るなんていうのも、あれは遊び、余裕ですよね。もちろん芸能や芸術がなくたって生きてはいけるけど、ないとまったくつまらない生き方になりますからね。

河合　そういう点でいうと、日本はそういうものをいっぱいもってるんだから、活用せないかんですね。さすが言葉の達人で、次々話題が出てきました。ありがとうございました。

V 問題な日本語

「問題な日本語」が氾濫するわけ

ここ数年、日本語についての関心が高まっており、ブームと言ってもよいくらいである。私の編著『問題な日本語』(大修館書店)は百万部を優に越えているし、日本語をテーマにしたテレビ番組もいくつか放送されており、ついには私まで駆り出されることになってしまった。国語学者としてこれまで国語辞典から古語辞典、逆引き辞典と二〇冊以上も辞書の編纂に携わってきた身としては、大変に結構な状況だと嬉しくは思うが、裏を返せば、多くの人が危機感を抱くくらい「問題な日本語」が氾濫しているということではないだろうか。

まずはどんな日本語が問題なのか見ていこう。代表的なのが、いつの時代にも問題視される若者言葉である。『明鏡国語辞典』の携帯版刊行を記念して、全国の高校の国語の先生に、生徒の使う気になる日本語についてアンケートをとったところ、様々な実例が寄せられた。いくつか例を挙げよう。「なにげに」「キモい」「きしょい」「むずい」「けばい」。

これらは「なにげなく」や「気持ち悪い」「気色わるい」「難しい」「けばけばしい」といった言葉を縮めたものである。

語尾を省略する言い方もある。「早い」や「遅い」を、「はやっ」「おそっ」と言う若者も多い。また会話の最中に、「て、いうか」という言葉で話題を変える。これは「〜というよりも」と、表現を吟味する際の俗な言い方だったのだが、いまは唐突に話題を転換するために使われている。それまでの会話の流れに関係なく、「て、いうか」でいきなり自分の話したい話題に持っていく若者が多い。話し相手への配慮がないのである。

活用に関する誤りもある。例えば「違くて」「違かった」など。

これらは五段活用の動詞「違う」の連用形「違い」を、形容詞と混同した誤りだ。形容詞「早い」は「早く」と活用するから、同じように「違い」を「違く」と変化させているのだが、「違い」は、「AとBとの違い」というように使われる名詞だし、「違う」が形容詞的に使われることはない。

文法的な辻褄は合わせているが、まだ定着していない言い回しに、「〜みたいな」がある。前にくる文を名詞的に扱い、「この使い方は間違ってる、みたいな」とか、「俺って最高？　みたいな」のように使われるが、この言い方だと、聞く側に幼児的な印象を与えてしまう。

従来の意味合いとまったく異なって使われている言葉で代表的なものに、「やばい」が挙げられる。『明鏡国語辞典』では、「自分に不利な状況が身近に迫るさま。また、そのような状況が予測されるさま」と説明しており、もともとは盗人などが「やばい、早く逃げろ」などと使っていた隠語で、かなり卑俗な言葉なのだが、最近の若者は、これを誉め言葉としても使うようになっている。

例えば、「この料理、やばい」などと言うが、これは「美味しくて、夢中で食べてしまいそう」といった意味合いである。

言葉を知らない若者

耳障りな言葉には「すごい」もある。若い女性が、かん高い声で「すご〜い」と叫んでいるのを聞くと、思わず耳をふさぎたくなってしまう。この言葉は本来、程度を表すものだから、「すごく美味しい」であれ「すごく美しい」であれ、何がどう「すごい」のかを言わなければならず、あとに続くものが肝心なのだ。それを言ったかと思えば、「すごい感動した」と、連体形と連用形を混同している若者もいるのだから、始末に負えない。ここは当然、「すごく感動した」が正しい。このところ若者たちが形容詞の活用をあまり意識しなくなっている。

さらに耳障りなのは、「すごい」を変化させた「すげえ」という言葉だ。これを副詞として用いて「すげえうまい」などというのだが、この汚い響きには耐えられない。はなはだしくは、「超《ちょう》すげえ」という言い方もある。「すげえ」に「超」をつけて、程度を表しているのだが、ここまで来ると、もう正す気力も湧いてこない。

若者の話が「すご〜い」といった副詞で終わり、その後に続く言葉がないのは、彼らに語彙が不足しているからだろう。状況に応じて使い分ける言葉を持っていないのだ。

私なりに言わせてもらえば、彼らは「分ける」ことができない。近頃の若者は腕に痛みを覚えたときに、「手が痛い」と言うそうだ。確かに両肩から先の全てを指して「手」と言うこともあるが、一般的には手首から先を指して「手」という。肩から手首までは「腕」だし、頻繁には使わないが肩から肘までを指す「かいな」という言葉もある。にもかかわらず、「手」の一言で片付けてしまう若者が増えているということを、私たちは重く受けとめねばならない。

「分ける」ことは「分かる」ことである。「分ける」は他動詞だが、対象や概念を意思的に「分ける」ためには、それらが何を意味するのか「分かる」必要があるし、その後に、それらの概念に対応する言葉がついてくる。人間がどのように言葉を獲得していくか、そのプロセスを想像してみるとい い。子どもの目の前にリンゴとミカンをいくつか置いたとする。どれがリンゴで、どれがミカンなのか「分ける」ことができる子どもは、何がリンゴで何がミカンなのか「分かって」いる。そうなってはじめて「リンゴ」と「ミカン」という言葉を獲得することが出来る。つまり言葉と概念は対応しているのだ。

言葉を知らないということは、それに対応する概念を分けていないということだ。最近の若者には「すごい」と「かわいい」、それに感嘆詞の「わー」程度しか言葉がないのかと情けなくなることがある。あまりに寒々しい彼らの語彙は、何事も大雑把に考え、細かな差異を判別できない、もしくは判別しようとしない若者の荒涼たる精神状況の表れなのであろう。

「コーヒーになります」

若者言葉ばかりでなく、ときに大人も使うマニュアル言葉も評判が悪い。例えばファミリーレストランで、

「こちらコーヒーになります」

と言われる。『明鏡国語辞典』では動詞「なる」について、「自然のなりゆきで推移変化して別の状態が現れる意」と説明している。右のような言い方では、別の物が自然に変化してコーヒーになってしまうというような意味合いになってしまう。

「コーヒーのほうお持ちしました」

という言い方もよく聞く。最近の日本人は、何であれ断定するのを嫌うようになっているが、この「～のほう」は物事を明確に言わずに曖昧にしようとする風潮の反映なのだ。

マニュアル言葉はこれで終わりではない。店員は、

「ご注文は以上でよろしかったでしょうか」

と確認してくるし、支払いの時には、「一〇〇〇円からお預かりします」

とくるから、お店を出るまでマニュアル言葉に悩まされる羽目になる。

英語からきた表現なのか、

「お名前を頂いてよろしいでしょうか」

という言い方も気になる。それに、「お名前さま」と、尊敬を表す接頭語「お」だけではなく、固有名詞でもないのに接尾語「さま」まで付ける人もいるが、これなど過剰な敬語である。

政治家の中にも過剰な敬語を使う人が少なくない。言葉の使い方も選良であってほしいと期待するのは無理な注文だろうか。この前の衆議院選挙で候補者が、

「立候補させていただきました」

と、声を張りあげているのを聞いた方も多いだろう。有権者がその候補者へ立候補するようにお願いしたわけでも、許可したわけでもないのだから、この言い方は丁寧なようでおかしい。「立候補いたしました」で十分だ。

「〜させていただきます」は本来、相手方の許容のもとに自分が何らかの行為をする場合に用いる表現だ。例えば結婚式の招待状が来た場合、「出席させていただきます」と返事をするのは適切だ。これは相手が出席を求めており、その意向をうけて出席するという行為をしているからである。

伝統芸能の世界にいる人が、名跡の継承を発表した記者会見で、

「襲名させていただきます」

と話すのを聞いたこともある。なにも先代や記者やファンが命令あるいは依頼をして襲名した訳ではないのだから、「させる」を付け加える必要はない。こういった場合は、

「襲名することになりました」

と言えばよいのだ。「襲名する」は自分の意思で行為をするのだが、それが偉そうに聞こえると危惧するのであれば、行為の主を曖昧にする「なる」を用いて、あたかも自然に成立した感じを出せばよい。主語を省いて表現をやわらげることの可能な、日本語の特性を生かした言い回しといえよう。

「させていただく」に関連していえば、最近は「さ入れ」言葉が増えてきている。これは「ファックスを送らせていただきます」と言えばよいところを、

「送らさ、せていただきます」

といった具合に、「さ」を入れる言い方のことだ。それによって使役の意味を明確にするつもりなのだろう。このような言い方をする人が増えている。

以前から、「ら抜き」言葉が槍玉にあげられている。これは「見られる」や「食べられる」を、「見れる」「食べれる」というもので、「ら」を抜くと、「読める」「書ける」など五段活用動詞から作られる可能動詞に近い形になるから、使う人には違和感がないのだろう。その「ら抜き」言葉が今や多数派になっているのだから、まだ一部の人しか用いていない「さ入れ」言葉も今後、一般的になってしまう可能性がある。

もちろん「ら抜き」も「さ入れ」も本来の文法からすれば誤りである。五段活用の動詞、たとえ

ば「読む」の場合、使役の意味なら「読ませる」、受身、可能、自発、尊敬の意味なら「読まれる」となる。上一段活用や下一段活用の動詞、たとえば「見る」だと、使役の意なら「見させる」、受身、可能、自発、尊敬の意味では「見られる」となる。

それが「さ入れ」言葉では「読まさせる」となり、「ら抜き」言葉だと「見れる」になる。このような乱れは、先に挙げた若者言葉よりも深刻である。「けばい」という若者には「けばけばしい」と言い換えるように指導すればそれで済むが、「さ入れ」や「ら抜き」は言葉のきまり―文法―の乱れであり、問題は大きい。

言葉はいつも乱れている

このような日本語の乱れは、なぜ起きるのだろうか。一般論で言えば、「言葉の乱れ」は、いつの時代にも存在している。言葉は個人が持っているものであり、老年層がいなくなると彼らが持っていた言葉は使われなくなって、壮年の言葉が中心となる。さらに年が経てば、若い世代の言葉に取って代わられる。若者言葉が目立つのは、いつの時代も若者は仲間内だけに通じる符牒や、新しい表現を使おうとするからだが、それに限らず言葉の変化は常に起こっている。具体例を挙げてみよう。

現在、形容詞の多くは「美しい」「嬉しい」「悲しい」のように、「い」で終わるが、以前は「美し」「嬉し」「悲し」のように、「し」で終わる形をしていた。名詞を修飾する連体形も、今は「美しい自然」「楽しい日」のように「い」で終わるが、昔は「美しき自然」「楽しき日」のように「き」で終わる形をしていた。先ほど「すごい面白い」という若者が犯しがちな活用の誤りを指摘したが、いつの時代にも、新しい世代が古い世代から「言葉の乱れ」を指摘された時期があったのだ。

右の例でも分かるように、「言葉の乱れ」は今にはじまった問題ではない。それなのに、近年、急速に「問題な日本語」が増えているような印象を受けるのはなぜだろう。

それは社会構造の変化に伴い、言葉が伝達される仕組みも急激に変化して、「話し言葉」の占める部分が圧倒的に大きくなってきたからだろう。いまはテレビを観たり、人と会って話したり、さらには携帯電話で話して一日が終わってしまうことが多く、「話し言葉」に接する時間が飛躍的に増加している。いわゆる「乱れた日本語」は、その大半が「話し言葉」から出てくるといっていいだろう。

「話し言葉」のメディアというべきテレビは、かつては一家に一台だったがいまや一人に一台という時代だ。しかも以前なら言葉の訓練を受けたプロがテレビに出演していたが、最近はタレントたちの日常会話そのままを放送する番組がほとんどだ。彼らの間違った日本語や仲間内の符牒、笑いを狙った突飛な表現が瞬時に世の中へ広まり、それを観たり聞いたりした若者が真似をするという構造が出来上がってしまった。

それならば逆に、影響力の大きいテレビの力を利用して正しい言葉の力を強化できないだろうか。それが、私がテレビの日本語番組への出演を敢えて引き受けた理由である。

テレビだけが原因ではない。私たちの日常会話からも、乱れは生まれる。会話の中では言い間違いや文法的な誤りがあっても、前後の関係で理解できるから、話し手も聞き手も互いにその誤りを強く意識しない。このところ「雰囲気」を「ふいんき」と言う人が増えている。冗談のような話だが、これなどまさに会話の中で生まれた間違いが広まっているケースだ。本来は「さんざか」だった「山茶花」が、いまや「さざんか」で定着しているのだから、「ふいんき」もいつまで冗談で済むのか心もとない。

話し言葉から発生したと思われる誤りは他にもある。「やむをえない」を、「やむおえない」と書くのがそれだ。この言葉は「止むことを得ず」の「こと」を省略した言い方で、動詞の連体形「止む」に格助詞「を」が付いたものであるから、「お」と書くのは文法的に間違っている。明治時代に言文一致運動という「書き言葉」を「話し言葉」に一致させる運動があったが、現代では言い間違いの話し言葉に書き言葉を合わせるようなことになっている。

規範となるべき「書き言葉」(文字言語)が「話し言葉」(音声言語)の勢力に圧倒され、萎縮している。「雰囲気」も「止むを得ない」も、文字として書かれたものを頭に思い浮かべたら、右のような間違いは起こらないだろう。正しい日本語を使うためには、まず書き言葉の復権が必要だ。

私は昭和一一年の生まれだが、若い頃を思い返すと、「書き言葉」に接する時間が今よりはるかに長かった。娯楽の主流は読書で、書物の中で作家が練りあげた日本語の表現に触れることができた。本は長い時間、いく世代にもわたって読みつがれる。年長の世代と同じ本を読んで同じ表現に接していたから、世代が異なっても言葉の感覚は共通するところが多く、日本語の変化は今より緩やかであったように思う。

コミュニケーションの手段も、直接会えない場合は電話ではなく手紙だったから、相手が正確に理解してくれるように何度も推敲する必要があった。書き直すことによって自分の言葉を練っていたと言えよう。今の時代は、じっくり言葉を選んで文章をつづるのは面倒だ、電話をして口頭で説明する方が早いという風潮だから、日本語が乱れるはずである。

本来は「書き言葉」の世界であるインターネットだが、インターネットの世界は若者が圧倒的に多い。彼らはお手本となるべき「書き言葉」に接していないため、どのように書けばいいのか分からないのだろう。「話し言葉」の延長のような文章が目につく。若者が夢中になるメールも、気軽にやり取りできるせいか言葉を慎重に選んでいる様子はなく、まるでおしゃべりしているかのような文面だ。

美しい日本語のために

このような時代に日本語の力を向上させるためには何をすればよいのだろうか。お手本として、文化審議会国語分科会で私の次に会長になり、現在は文化審議会の会長を務めておらる、作家の阿刀田高さんの取り組みを紹介しよう。

阿刀田さんは、私が最近、上梓した『達人の日本語』（文春文庫、二〇〇五年刊）に解説を寄せてくださったのだが、その中で、国語辞書を、書斎は当然のことながら、食卓の上、ベッドの枕元、トイレの棚と、家の中のあらゆる場所に置いておいて、気になる言葉は、すぐに調べることにしていると書いておられる。阿刀田さんのような日本語に堪能な作家でさえ、毎日、言葉に関する感覚を磨きあげているのだ。有名なことわざをもじって言えば、「言葉は一日にしてならず」である。実は私も同じことをしているのだが、他人の話を聞いていたり、本を読んでいたりしたときに、意味や使い方の分からなかった表現や、これは変だぞ、自分の使い方とは違うなあと思った言葉に出くわしたときには、すぐに辞書で確かめる。こういった努力が必要だろう。

先に若者の語彙の乏しさに苦言を呈したが、語彙には自分が理解できる言葉のまとまりである理解語彙と、実際に使う言葉のまとまりである使用語彙の二種類があって、誰でも理解語彙よりも使用語彙の数の方が少ない。知っている言葉であっても、実際に使うのはその一部だし、いわんや話し言葉ではさらに使う言葉は少ない。しかし日本語に関心を持ち、毎日、努力を積み重ねていけば美しくて豊かな言葉を使いこなすことができるようになる。

乱れた言葉や誤用も含め、新しい日本語は増える一方で、辞書の版が変るとどのような新語が収録されたかが話題になったりする。しかし消えていく日本語もたくさんあって、辞書作りでは、実はどの言葉を削除するのかを判断するほうが難しいのである。

名詞はそれが指示する物がなくなれば消えていくだろう。いまは餅をつくことは滅多にないから、「臼」や「杵《きね》」といった名詞はそのうち無くなってしまうかもしれない。「餅をつく」という表現も消えてしまうかもしれない。

大事にしたい言葉で、今はあまり使われなくなったものに、「たそがれどき」がある。いまは「黄昏時」と書くが、本来は「誰《た》そ彼《かれ》時」ということ。夕方、ちょっと薄暗くなってきて、あそこにいる彼は誰ぞ、と問いかける頃ということから生まれた言葉である。それと対になる言葉に、現代ではほとんど使われなくなったが、「かわたれどき」という言葉がある。漢字で書くと「彼《か》は誰《たれ》時」。これもまた薄暗くて人を見分けるのが難しいときに彼は誰ぞ、と問うことから生まれた言葉であるが、「たそがれどき」とは逆に、夜明けのまだ薄暗いころのことをいう。夜と朝の暗闇を分けて認識するような極めて繊細な感覚を日本人はもっており、それに対応した言葉を、それこそ万葉の昔からいくつも育んできたのだ。そこかしこに照明が光り、夕闇や払暁を意識する機会の少ない現代では、そういった感性そのものが衰えている。

だが人間の感情を表す言葉は、長く生き残るだろう。私が好きな言葉に、「おくゆかしい」がある。今は「奥床しい」という漢字を当てたりするが、「ゆかしい」は漢字を当てるとすれば「行かしい」だ。古語の「ゆかし」は「行きたい、見たい、聞きたい、知りたい」という意味で、「奥行かしい」とは、奥のほうに秘めているものがありそうだから、それを知りたい、と思わせる状態をいう。人間でもおくゆかしい人に出会うと、ひきつけられ、その人のことをもっと知りたいと思う。「おくゆかしさ」は、日本の美徳であった。

自分と他人が使う日本語に敏感になり、辞書を引く習慣をつけ、読書を通して語彙を充実させ、もっともっと日本語の奥深さに触れたい。日本語の豊饒な世界もおくゆかしいものである。各人が美しく豊かな日本語を通して、教養や価値観、感性を磨いていけば、「問題な日本語」は減っていくのではないだろうか。

日本語をめぐる状況

生きた辞典作りのなかで現代の若者言葉に着目

――昨年（二〇〇四）発売された『問題な日本語』はどんな経緯で書かれたのですか？

二〇〇二年に『明鏡国語辞典』の携帯版を刊行したときに、高等学校の先生にアンケートをとったのです。「若者が使っている言葉で、気になる言い方、変な言い方はありませんか？」というものです。すると回答がたくさん来ましてね、結果を小冊子にまとめて無料で配布したところ大好評だった。あちこちから「ほしい」という声も寄せられた。そこで、項目数を増やして、一冊の本にまとめることになったのです。

――若者が使っている言葉に目を向けられたのは、なぜなのでしょうか。

辞書は言葉の正しい意味と正しい用法を解説するものです。ところが「正しい」は、なかなか決められないものなのです。「本来」「これまで」が言葉の基準、スタンダードになるのですが、現実はいろいろな使われ方がされています。特に若者言葉には、変な言い方、言葉が多い。

厳密にいえば「本来」「これまで」の基準とは違うけれども、現実に使われているのも事実ということです。見過ごすわけにはいきません。そこで『明鏡国語辞典』を生きた使える辞書にするために、どこまでが許されるのか、なぜ悪い言い方が出てくるのかなども解説しようと考えたのです。

――「問題な日本語」には、若者言葉だけでなく、飲食店アルバイトの言い回しも含まれますね。

飲食店で耳にする「おかしな日本語」、店が用意するマニュアル語も問題なんです。そのマニュアル語を誰が作ったのか、実は調べたいところですが（笑）。マニュアルのない店では、他店の人が使っているのを真似ているんでしょうね。ほかの人が使っているのだから、問題ないと思っているのでしょう。

ただねぇ……喫茶店に入ると若い女の子がコーヒーを持ってきて、「コーヒーのほう、こちらになります」という。私はコーヒーしか頼んでいないし、何が変化してコーヒーになったのかも分からない。思わず「僕は『問題な日本語』という本を書いた人だよ」「まだ僕の本、読んでいないの？」と言いたくなりますね。

言語伝達環境が変わり煙のように広がる言葉

――若者言葉では「キモイ」「ウザイ」などの短縮語が印象的です。『問題な日本語』では不快を表す言葉が気軽に言いやすい形へと変化したのではないかと解説されていますが？

言葉が変化する要因はいろいろあります。ただ、若者の言葉はどんどん変わる。テレビや携帯電話、インターネットの影響が大きいのです。現代は量的にも質的にも、話し言葉の世界が強すぎるんですね。しかも、うっかりおかしな言葉が登場すると、みんなが喜んで飛びつく。「キモカワイイ」（「気持ち悪い」の略「キモい」＋「かわいい」。気持ち悪いけどかわいい。）など、その典型ですね。

昔から、ある狭い社会ごとに特別な言葉は使われてきました。陰語です。大工さんには大工の言葉があり、商人には商人の、若者には若者の言葉があって、そのグループのなかで使われてきたわけです。ところが、いまは狭いグループで使われている語が皆さんの茶の間に入ってくる。たとえ話になりますが、火のないところに煙は立ちません。若者という「火」が変な言葉「煙」をあげると、テレビや携帯電話、インターネットが「風」となって煙を広げる役割をしているんです。いまの言語伝達環境は昔と違うんですね。

——「～みたいな」「～的」といった曖昧な表現も、やはり煙として広がったのでしょうか？

若者に限らず、「～みたいな」「～的」を大人が使っているのを耳にしますね。「～的」は非常に便利。いろいろな省略ができますからね。「私の立場としましては」「私の考えとしましては」といったことを、すべて「私的には」で間に合わせることができてしまう。もっと正確に、詳しく責任をもって表現しなくてはいけないところを、はしょってしまうのは、「～みたいな」も同様です。

煙として広がった面もありますが、言葉というのは、実は時代を追うごとにだんだん遠回しに、謙虚な言い方になっていくものなんです。大人同士の会話の「〜させていただく」がいい例です。

――たしかに、ビジネスの場では、頻繁に「〜させていただきます」と聞きます。

そうでしょう? これは敬語を考える問題にもなるのですが、たとえば、「〜しなさい」というのは敬語です。「〜なさる」の命令形だから語尾が「い」になるのですが、お茶をすすめるときに「お茶を飲みなさい」というと、敬語でも強制の響きが強くなる。現代では相手に失礼だと考えられる。だから「飲んでください」になる。別にお茶を飲んでもらわなくても困らないのだけれども、「お茶を飲んでください」とお願いになる。こういうふうに、だんだんと直接に表現しないように変っていくんですよ。

「〜させていただく」もそうです。「〜いたします」でいいのに、それではあまりに一方的だということで、「〜させていただく」になっちゃう。間接的、依頼的な言い方への変化は、日本語の時代の流れとしてあるんですね。

どんな敬語で話せばいいのか悩んだ末おかしな日本語に

――一方で自分自身に敬語を用いる「美化語」もあります。

「美化語」というネーミングが適切かどうかは別として、「美化語」は自分をよく見せる、品があるように見せるために使うものです。相手を尊敬しているわけではありません。「お水」「おしょうゆ」「おみそ」など、よく使われますね。本来カタカナ語には「お」は付かないのですが、「おソース」「おビール」「おズボン」など日常的によく使うものには付きます。

お母さんの子どもへの言葉遣いにも「美化語」は見られます。たとえば「お洋服を着替えなさい」「おもちゃのお片づけをしましょうね」の「お洋服」「お片づけ」は美化語です。そして「～なさい」「～しましょう」などは敬語です。かといって、子どもを尊敬しているわけではありませんよね。「お母さんはあなた（子ども）と違って品のいい人間（大人）だ」ということを表すために、無意識に使っているのです。

——敬語を適切に使えない人が増えているのでしょうか？

昔は誰もが敬語を使えたかといえば、そうではありません。昔の人は自分が生まれ育った地域社会で、原則としてずっと生活をしました。地域の人々のやりとりを見たり聞いたりするなかで、「どの人と話をするときには、どんな言葉遣いがいいのか」を自然に学習できたわけです。

ところが世の中の都市化、都会化が進んで情況が変わりました。ほかの地域、会社、生い立ち、立場の人に、どういう言葉で接したらいいのか、そのとき勝負で話さなくてはならなくなりました。難しいわけですよ。家庭で話すぶんには、敬語で悩むことはありません。その上、核家族が多いから、家長である祖父に対して敬語を使う母親の言葉などを聞く機会もない。

昔は敬語を特別に練習する場などなかったし、必要もなかった。けれどもいまは自分と違うグループや分野の人と言葉をかわさなければいけない場面が、多くなりました。だから皆さんが敬語で悩み、おかしな日本語を使ってしまう。最近「問題な日本語」をよく耳にする原因のひとつには、こういった社会状況の変化があると思います。

言葉の乱れが人間関係に影響を及ぼしている!

――仕方ないとはいえ、本来の日本語の表現が忘れ去られてしまうのは残念です。

そうですね。このままでは日本語の表現は貧しくなり、のっぺらぼうになってしまうでしょう。日本語というのは、本来とても表現力の豊かな言語なのです。言葉を縦書きにしたとします。主語、目的語、修飾語、述語といった縦の関係が文法です。それに対し、それぞれの主語や目的語の部分には、さまざまの語が入ります。この横の関係が語彙です。

たとえば自分を表す一人称の言葉。英語では「I」だけですが、日本語には「わたし」「わたくし」「ぼく」「おれ」「わし」などたくさんの言葉があります。この中からひとつの語が選択されるのです。言葉がわかれているのは、概念がわかれているからで、相手によって、場に応じて、自分自身をどう表すべきかで「わたし」なり「ぼく」なりが選択されて使われるのです。

たとえば、「雨」という言葉でも同じです。「春雨」「氷雨」「時雨」「霧雨」といくつもあり、どの言葉を選ぶかによって、受け手にさまざまなことを伝えることができるわけです。こういった語彙力、表現力が貧しくなると、必然的に伝える力にも悪影響が出てきます。

——近年問題になっている子どもの学力低下や、学校崩壊、家庭崩壊などにも、言葉が関係しているように感じます。

言葉が貧弱になると、相手に考えや情報をうまく伝えることができません。だからといって伝えようとしなければ、人間関係が育ちません。言葉の乱れと学校崩壊、家庭崩壊は、無関係ではないでしょう。

結局「問題な日本語」の多くは、言葉が吟味されていないから出てくるのです。では、どうしたらいいか。もっと本を読んだり、きちんとした文章を書く練習をするのがいい。いろいろなものを読み、力のある言葉とは何かを知り、そして書くことが大切です。話してばかりいてはいけません。

外国語の勉強がいい例ですが、言葉の力は一朝一夕で身につくものではありません。ですから家庭では、できるだけきれいな言葉を使っていただきたい。子どもに要求するのではなく、まずは親が、きれいな日本語を使うように心がけるべきです。

忘れないでほしいのは、言葉は意識的に使うべきものだということです。環境、状況、相手との関係を考えて使う。どういう効果があるのかを考えて使う。自分のために、言葉を磨いていただきたいですね。

変な若者言葉をＴＶが増幅する

——若者を中心に次々と新しい言葉が生み出されています。従来の言葉が本来の意味とは異なる使い方をされることも多いようですが、最近の日本語についてどう思いますか。

言葉というのは変化するものです。これは認めなければならない。ただ、本来的な使い方というのがあります。これを急に変えると変になる。変というのは少数だということです。世の中の大多数の人が使うようになったら、それが正しい言葉ということになります。

最近は、少数派の変な言葉が多すぎます。火のないところに煙は立ちません。火元の大半は若者です。火元の煙で終わるなら煙は人には見えません。ところが、現代は煙を流すような風があります。その代表がテレビです。テレビは話し言葉を直接伝えるメディアです。昔のテレビ番組は正しい日本語で話そうとしていました。今は、言葉に無頓着な人が出てきてペラペラしゃべります。芸能タレントが楽屋でするような話を放送に乗せてしまいます。これが「問題な日本語」を氾濫させる大きな原因になっています。

――若者言葉の特徴は、何でしょう。若者が年齢を重ねても使い続けたら、それは言葉として定着するのでしょうか。

若者言葉の特徴と言えば、第一に「略語」ですね。彼らはわざと、省略することで自分たちだけにしか通じない言葉を作り、楽しんでいます。気持ち悪いを「きもい」、微妙だを「びみょい」などと省略しています。さらに若者の特色でいえば、自分たちだけで別の意味をつける。「ITする」っていうからインターネットするのかと思ったら、「アイスクリームを食べに行く」なんてね。

もう一つの特徴は、ぼかす、逃げるということです。たとえば「とか」。「学校とか行って」と言うから、学校のほかにどこか他のところにも行ったのかと聞くとどこにも行ってない。限定しないで、ほかに何かあるような言い方をする。コーヒーしか頼んでないのに「コーヒーのほうをお持ちしました」と言うのや、「ぐらい」という言い方を多用するのも同じことですね。

なぜこういう言い方をするのかについての解釈はいろいろ考えられますが、一つは相手に対してあまり押しつけない思いやりです。今の若者は心が優しいのかなあとも思います。もう一つには、責任ある断定的な言い方は避けようという傾向があるのではないかということがあります。私たちでも「明日までにこの仕事をやってくれ」と言われて「できれば、間に合わせたいなあと思っているんですが」なんて言うでしょ。これが若者の場合は話し方全体にわたっているんです。

新語の中には、後まで残るものもありますが、ほとんどはすぐに消えます。一過性のものです。

「パソコン」「ケイタイ」など新しく出現したものを表す言葉は残りますが、「イマい」「ナウい」などはもうあまり聞かなくなりましたね。

若者言葉は若者だけの範囲で使っていれば、まったく問題ないんですが、最近は火元の煙を広める風が強いんですよ。テレビのことですが。そういう情報伝達環境なんです。

——テレビもそうですけど、最近は、インターネットも影響があります。あれは話すわけじゃなくて文字を書いて、文章として表している。

そうなんです。書き言葉は書き言葉のように書かないといけないんです。話し言葉というのは、ほかの要素ですごく補われているんですよ。たとえば、今、僕はこう手を振りかざしながら話しているでしょ。それから、顔の表情などで補うところがたくさんあるわけです。さらにアクセントやイントネーションもある。書くとこれらの要素がすべて落ちてしまいます。

今はしゃべるように書きますからね。話し言葉そのままに書くからだめなんです。ネットやメールはテレビよりももっと悪いところがありますね。話し言葉だけで過ごしていると、日本語が貧弱になってきます。いい日本語というのは、論理的に整合性を持って展開し、そこに適切な言葉が当てはまっていくという、それに尽きると思うんです。

——そんな日本語が氾濫していると神経質になるのではないですか。テレビを見るたびに嫌な思いをしているといったことはないですか。

「何じゃ、あの言い方は」とか、「違う、違う」とかね。言葉は単なる言葉じゃなくて内容を表現するものですから。だから読書しなきゃだめですよ。読書して内容も深め、適切な表現の仕方も身に付ける。自覚ですよ。人と話していて「知らない言葉だな」と思ったら、家に帰ってすぐ辞書で調べたりね。そういうことの積み重ねが、その人の言葉の力を向上させるんです。

――日本人は、言葉への関心が薄いような気がしますが、これは最近の傾向なんでしょうか。

昔は、地域社会が固定していて、その中で暮らしていましたから、人と人との関係が定まっていました。敬語の使い方も決まっていて、たとえば父親のことを家柄によって「お父さま」「とっつぁ」と呼び分けたりしていました。それが、今はどういう人であるか全然分からない相手と話します。社会が都市化されているんです。

もっと意識的にならないといけません。教育でいえば、家庭では親が子どもに積極的に話しかけて言葉を鍛えてやる。学校では先生がもっといい言葉を使わないといけません。先生が子どものレベルにまで下がって、それがいかにもいい指導法のように思われています。自分で自分を高めていく習慣、態度をつけてやる教育をしてもらいたいですね。

――ところで、日本語研究の道に入ったきっかけを教えてください。

高校三年までは理系だったんですが、大学受験に失敗し、浪人中にいろいろ考え「理系で世界に伍《ご》していくのは難しい」と思って、文系でやろうと決めました。日本語なら日本がつぶれるまであるし、日本一になれたら、世界一だと考えましてね。若気の至りの選択ですよ。

人生には多くの分岐点があります。その分岐点でたくさんの選択肢をそろえるためには教養が大切です。多くの選択肢の中から、賢明な選択をする。その軌跡が人生ですよ。

――日本語を含め、これからの日本はいったい、どうなっていくと考えますか。

もうちょっと大人が自信を持って若い人をリードしないと危いと思います。教育基本法の前に〝大人基本法〟をつくらないといけませんね。それから、「けじめ」とか「らしさ」がなくなりましたね。ここまでくると簡単には修正できないでしょうが、やっぱり教育の責任は大きいでしょうね。

《対談》　新語も日本語――藤田志保×北原保雄

言葉遊びを面白がる若者たち

北原　藤田さんの『渋谷語事典２００８』、とても興味深く読みました。

藤田　ありがとうございます。北原先生の『みんなで国語辞典！』はかなりボリュームがあって驚きました。

北原　約一三〇〇語を収録していますからね。これは僕が編集をした『明鏡国語辞典』携帯版の新装発刊を記念して行ったキャンペーンから誕生した本です。国語辞典に載せたい言葉や意味、例文を募集したのですが、応募総数は一一万強ありました。応募の内容は普段使っている言葉が多く、若者言葉は三〇％くらいを占めていました。

このキャンペーンには二つの目的がありました。一つは、辞書に載せる言葉を発掘したいということ。もう一つは、言葉の大切さを知ってほしいということです。辞書というのは、言葉とその定義を一緒に載せますから、言葉を投稿するには定義も正しくしなくてはいけません。それがいかに難しいかを体験してもらうことで、言葉の持つ意味やその大切さを実感してほしいと思ったのです。

藤田　どのくらいかけて集めましたか。

北原　郵送とインターネットを使い、六カ月間募集しました。藤田さんは、『渋谷語事典２００８』ではどういった方法で言葉を収集したのですか。

藤田　直接聞いたり、メールでやり取りをしました。私の会社では、若い女の子の中でも特に〝ギャル〟と呼ばれる一〇代〜二〇代前半の子を対象にマーケティングをしていたので、大勢の女の子たちがよく学校帰りに会社に顔を出していました。彼女たちに実際に聞いたり、学校の友達に聞いてもらったりして集めました。実際に対面で聞いたのは、三〇〇人くらいです。このほかにギャルを対象としたアンケートやランキングサイト、メールで約二万人を対象に聞きました。

北原　なるほど、三〇〇人に対しては直接聞き取りをしたのですね。これは方言などの調査の際、その地方の人に目の前で話してもらって言葉を集める聞き取り調査の方法と同じです。収録されている言葉が生き生きしている理由が分かりました。

藤田　この本に載っているのは、渋谷の子たちが普段使っている言葉です。本人たちは毎日の会話の中のどの部分が「渋谷語」なのかまったく意識していないので、「渋谷語を教えて」と聞いてもなかなか答えは出てきません。そのためその子たちの会話の中に入って、「今の言葉、どういう意味？」と聞いて集めたのです。

北原　面白い言葉がたくさんありますよね。たとえば「パショる」。これは「情熱的になる」という意味ということだから、英語のパッションからきているのでしょうが、「あの先生、パショってない？」は結構面白い使い方だと思います。こういう言葉は、即席で生まれるのですか。

藤田　はい。そのときの印象や、見た目でピンときたとか、その場のノリですね。ほとんどの場合、どうしてそんな言葉になったのかを聞いてもはっきりした答えは返ってこないのです。

北原　感覚的なものが多いのですね。でも、中には、じっくり考えてデビューさせる言葉もあるでしょう。

藤田　新しい言葉をつくりたいという気持ちがある子も多いので、そういうケースもあると思います。

北原　『みんなで国語辞典！』を編集しているときに感じたのは、若者は言葉をいじることを面白がっているなということです。それは言葉の活性化にとっては悪くないことだと思いますが、言葉そのものを大切にすることを忘れないでほしいですね。

僕はこうした関係の本に携わっているので、新しい言葉の賛成派だと誤解されることがありますが、決して賛成しているわけではありません。こうした新しい言葉を知ることは現代の日本語を考える上で大切なのではないかと考えているのです。研究者として、どうしてそうした表現が生まれてくるのか、誤用であったとしても、その誤用が生まれる論理は何なのかということに興味があるのです。

短縮していく言葉

北原　就職活動のことを「就活」、結婚活動を「婚活」と略した言い方をしますが、最近では恋愛活動を「恋活」という言い方も出てきました。このように「〜活動」を「〜活」と略すような、汎用性が高く、新しい言葉をつくる造語力のあるものは後々まで残りやすいと思います。

藤田　そうですね。少し前にある子が「昨日コジカツだった」と言っていたので、それ何？と聞くと個人活動の略ということでした。いつも一緒にいる友達とは別行動でデートをしていたから個人活動ということなのです。それがさらに変化して「コジカッチャン」になり、ついには「カッチャン」と表現していました。

北原　「コジカツ」に敬称を付けて「コジカツ」＋「ちゃん」で「コジカッチャン」になったわけですね。しかし、言葉の頭を省略すると分かりにくくなりますね。たとえば「ちゃけば」という言葉がありますが、これは「ぶっちゃけ話」の略語で、「ちゃけ」は「ぶっちゃけ」の略、「ば」は、「〜ばなし（話）」の略です。失恋話を「しつばな」、秘密の話を「みつばな」のように、「〜ばなし」

は「ばな」と略すことも多いですね。四音節にすることでリズム感が生まれる例です。こうして筋道立てて聞くと理解できるけれど、いきなり「ちゃけば」と言われるとかなり難しい。

藤田　私たちも分からないときがあります。そんなときは、すぐに「何、何？」と聞きます。

北原　その「何？」を言ってほしいという気持ちがあるのでしょうね。

藤田　新しい言葉について聞かれるのが嬉しいのだと思います。また、意味を知らない友達には積極的に教えてあげたくなるようです。

短縮する例で言うと、私たちの間では、英語を短縮形で使うこともあるのです。「秘密ね」という意味で「ビークワ」と言ったりします。

北原　英語の「ビー・クワイエット」の略ですね。本来の「静かにして」という意味からは遠ざかっていますね。

藤田　確かにそうですね。でも、それで仲間内では通じるのです。

同じように本来の意味とは違うけれど通じ合っている言葉で、最近よく使うのが「取り急ぎ」です。たとえば、友達とプリクラを撮るとき、腕に掛けた荷物が重たくて落ちそうでも荷物を置いたりせず、そのまま「取り急ぎ、取り急ぎ」と言って撮ります。あるいはメールで「取り急ぎ、集合」と連絡をするときもありますが、実はまったく急いでいなくて、待ち合わせは夕方だったりします。「とりあえず」と「急ぐ」をミックスして、その中間くらいの意味合いで使っているのかもしれません。使いたくなる言葉のポイントは、リズム感や語感、その言葉が表すニュアンスではないかと思います。印象的でセンスのいい言葉は使いたくなります。もちろん、だからといって流行るわけではないのですが。流行るのは、たとえば面白い、楽しいなど、そのときの気分を伝える言葉など、日常の中で繰り返し使うチャンスのある言葉ですね。

空気を読めるから「KY」が生まれた

藤田　昔はその場の空気が読めないような子が多かったのですが、最近は空気を読む子が多いと感じます。だから逆に、KY＝空気を読めないという言葉が流行ったのではないかと思うのです。

北原　空気を読むというのは、その場や集まっている人にチャネルを合わせることができるということ。渋谷に集まる若い人たちには、その気遣いがある人が多いということでしょう。そして、それができない人にはすぐに分からないように、KY語にしているわけですね。

藤田　お互いに直接的に傷付けないような表現をよく使っていると思います。

北原　略語などにすることで直截的な表現を避けているのですね。

藤田　ところで、目上の人と話す場面では、どんな言葉を使いますか。

藤田　渋谷の若者を中心にいろいろなサークルがつくられていますが、ちゃんと代表や副代表がいて、先輩後輩のけじめもあり、上下関係に厳しい面があります。ときにはサークル関連のことで大人と話す機会もありますが、タメ口《ぐち》（対等な言葉使い）ではなく、丁寧語で話そうという様子は見られます。ただ、正しい敬語ではないことが多いのが現実です。

北原　なるほど、大人と話す場面ではしっかり相手にチャネルを合わせているわけですね。ただ、確かにあまりきちんとした敬語を使えていないのではないかと思われます。しかし、それは若者たち自身のせいとばかりは言えません。練習する機会がないのです。現代では、若者はほかの世代やほかの分野の人と話す機会がほとんどありません。たとえば、かつては家には祖父母世代がいることも多かったし、隣近所の年上の人と話す機会もありました。しかし、地縁関係が希薄になり、核家族化が進んでいるうえ、親世代も仕事で家を空ける時間が長い人も多い。若者たちは学校では同世代の中にいるし、家に帰っても、同じ友達とメールや電話で交流することが多いのです。

藤田　確かに、大人の会話を身近に聞く機会は少ないと思います。私は中高生のころ家の固定電話に出ていたので、相手の名前をちゃんと聞きなさいと両親に注意をされたりして身に付いた部分もありますが、最近の子は携帯電話を使っているので、家の電話にほとんど出ないようです。

北原　言葉というのは、使い方や実例を知るだけでは上達しません。何度も使って血となり肉とならないと、自分のものにならないのです。

藤田　私の会社では入社したての子に、電話の取りかたから教えます。最初はうまくできないのですが、教えればちゃんとできるようになります。大人の言葉使いに触れる機会が増えて、使えるようになると、そこからまた新しい若者言葉が誕生するかもしれませんね。

若者言葉のセンス

北原　今年（二〇〇九）の五月に『みんなで国語辞典！』の第二弾『あふれる新語』を出版しました。若者の言葉づくりの方法はほとんど変わっていませんが、言葉そのものはかなり変わりました。収録語で増えたのは携帯電話に関する言葉ですね。ヘアスタイルと、恋愛に関する言葉は相変わらず多いなと感じます。自分たちに興味のある分野に、新しい言葉が生まれているのですね。

面白かったのが告白に関する言葉。電話で告白するのが「電告」、メールで告白するのが「メル告」、友達を通じて告白するのが「友告」。これは三年前にはなかった言葉です。

藤田　確かに言葉の入れ替わりは激しいと感じます。新しい言葉は、友達と面白く楽しく会話しようとする中で、どんどん生まれてくるものです。ほとんどは消えてしまいますが、中には一般的な言葉になっていくものもあります。たとえば、以前からタレントさんを呼ぶとき面白がって姓名を略して呼んでいましたが、今では当たり前のようになりました。私たちが使っていた言葉から商品名になったものもあります。

北原　確かに、「超」はすでに一般語の仲間入りをしていますからね。「ヤバい」も残るかもしれませんね。

藤田　「ヤバい」は最初のころ悪い意味で使っていたのが、今では「ヤバいくらいおいしい」という表現でも使います。意味が変化しているのを実感します。

北原　二年くらい前から使い方が変わってきましたね。でも、実はこの新しい使い方にも説明は付きます。そもそも「ヤバい」は江戸時代の盗人用語で、身辺が危ないという意味なのです。「取り締まりが来るからヤバいぞ」などと使っていた。だから「ヤバいくらいおいしい」が危険なほどすごくおいしいということになっても、それほど不思議ではありません。

藤田　そうなんですか。面白いですね！

北原　現代は新語が溢れている時代といっていいでしょう。テレビからもラジオからも、常に新語が流れ出てきます。これは、言葉の活性化にとって悪いことではありません。どんどん動きがあるくらいがよいのです。
若者の言葉にはもじったり、だじゃれにしたりと、面白いひねりを効かせたものがたくさんあり、センスがあるなと感心します。たとえば、『渋谷語事典２００８』の収録語でいえば、「オバマ」がオバサンマニアなど、ニュース性のある言葉をひとひねりするセンスは面白いですね。また貸金業者のことを「アイスキャンディー」という。これは高利貸しが氷菓子と同音であることから、氷菓子の英語をもじったものです。一度聞いただけでなるほどと思う、腑に落ちるような言葉遊びをたくさんしていることに関しては感心しますね。

でも基本的に若者言葉は、若者が小さなグループの中で使う言葉で、仲間意識をつくるもとになるもの。一種の隠語です。友達の間で使って楽しむのはいいと思いますが、社会に出たときに若者言葉しか知らないと困ることになります。一般社会で通用する言葉もしっかり勉強しておいてほしいですね。

藤田　私もそう思っています。渋谷語を使ってから社会に出た私にとっては、興味深いお話でした。いろいろと伺うことができて楽しかったです。ありがとうございました。

あとがき

今年の誕生日が来ると満七五歳、「後期高齢者」に仲間入りをすることになる。嫌いな呼び方だ。「高齢者」だけでも嬉しくない呼ばれ方なのに、それに「後期」を付ける無神経さ。本来、「高齢」という言葉は、年をとっていること、という意味を表し、何歳からが高齢者だというような考え方はなかったはずだ。それに、年を取っていても若い人がいる。「高齢者」だの「高齢化（社会）」だのという言葉が飛び交うのは耳障りだ。長生きする人が多くなり、医療制度、介護、老人ホームなど老人福祉に関する問題がいろいろ出てきて、高齢者を年齢によって分類する必要が生じたことは理解できる。しかし、七五歳の誕生日が来たその日から、はい、後期高齢者になりました、というのは面白くない。

「後期」が嫌だから「高貴高齢者」と書いたらいいと言った人がいた。長く生きてきた人生の大先輩だから、「高貴」か。それなら少しは気分がいい。文化庁長官だった河合隼雄さんは、「私は文化功労者でなく、文化高齢者だ」と、よく冗談で言っておられた。文化の功労者ではなく、単に年をとった者だと謙遜された駄洒落である。

「後期高齢者」という言葉にこだわり過ぎたが、大学に入学して専攻を決めて以来、その後期高齢者に到達するまで、ほぼ一筋に日本語と付き合ってきた。詳しくは本文中、特に「日本語との関わり」や「日本語の研究五〇年」などに述べたが、五〇歳代初めに、筑波大学の管理職に就くまでは、日本語の研究と教育一筋に生きてきた。それが生活のほとんどすべてだった。机に向かうのが本当に好きだったし、研究すればどんどん新しい発見があって楽しかった。若い時からいろいろな辞書の編纂に携わり、寝食を忘れて時間を費やしたが、それも研究同様に楽しい仕事だった。

五三歳の時に文芸・言語学系長になり、五六歳で附属図書館長、六一歳で学長になったが、大きな大学の管理、運営は業務が多く、また引き受けた以上は中途半端なことはできないという性分もあって、研究に十分な時間を割くことができなくなった。学長は六七歳で任期満了退職したが、引き続き新しく発足した独立行政法人日本学生支援機構（JASSO）の理事長に就任し、七二歳まで勤続した。管理職の道を選ばなかったら、もっと本格的な研究を継続し真理を究めることができたのにと悔やまれるところもある。しかし、管理職に就いたことによって得たこともたくさんあり、これが私の人生だったのだと受け入れるしかない。書く対象や分野も広がり、日本語関係以外の文章も多くなった。

本書は、そうした状況のなかで、比較的最近に活字になったものの中から日本語関係の文章を集めたものである。『日本語とともに』という書名にしたが、管理職にありながらも、私の生活はやはり日本語との関わりが中心だった。『日本国語大辞典』が出たのは学長三年日の年（二〇〇〇）だったし、『明鏡国語辞典』が刊行されたのは学長五年目の年（二〇〇四）だった。そして、学長を退任して理事長になった年（二〇〇四）の暮れに『問題な日本語』が刊行されて、日本語ブームに突入した。新聞・雑誌のインタビュー、テレビ出演などで、予定表が真っ黒になるような日が続いた。ある新聞社では日本語検定を企画実施した。また、あるテレビ局では日本語クイズ番組を企画し、一年間レギュラー出演した。まさに日本語とともに生きてきたと言ってよい。

そういうことで、本書に収載した文章のなかには、上記書籍や私の活動に関するインタビューや対談も多い。インタビューをしてくださった方々や対談の相手をしてくださった方々にここでお礼を申し上げておきたい。また、さまざまな場面でいろいろな人を相手にして語っているので、繁簡宜しきを得ず、内容の重複しているところがある。重複した部分を修正したり削除したりすると続き具合が悪くなるのでそのままに残したところもあるが、そここそ私の本音の部分だということで、ご寛恕願いたい。

最後になったが、本書が成るにあたっては、勉誠出版の池嶋洋次社長と同社編集一課の岡田林太郎課長にお世話になった。特に岡田課長にはいろいろ細かい調整などまでお願いした。記して感謝の意を表したい。

二〇一一年五月

鏡郷文庫主人　北原保雄

【初出一覧】（本書所収のテキストの初出は以下の通り。掲載にあたって、題名も含め大幅に加筆修正を行なった。）

Ⅰ　美しい日本語

日本語の魅力（「文芸春秋SPECIAL　素晴らしき日本語の世界」季刊秋号、文藝春秋、二〇〇八年一〇月）
言葉の素晴らしさ（「日本教育」No.396、日本教育会、二〇一〇年一二月号）
《対談》美しい日本語を育み伝える——黛まどか×北原保雄（「産経新聞」、二〇〇八年八月一一日）
日本語の美しいきまり（「潮」、潮出版社、二〇〇六年四月号）
「分ける」と「分かる」（「月刊国語教育研究」No.343、日本国語教育学会、二〇〇〇年一一月）

Ⅱ　日本語と私

日本語との関わり（『日本語の現在』、勉誠出版、二〇〇六年三月）
日本語ブーム（「柏新時報」、柏新時報社、二〇〇七年一月一日）
広告と言葉（「宣伝会議」、宣伝会議、二〇〇八年六月号）
日本語の研究五〇年（「月刊言語」、大修館書店、二〇〇九年一二月号）
飛び石的な研究（「月刊言語」、大修館書店、一九八二年一〇月号）
二足の草鞋を生きる（「駱駝」創刊二号、小学館、二〇〇五年八・九月号）
言葉のきまりに魅せられて（「日本教育新聞」、二〇〇八年九月一五日）

Ⅲ　国語辞典と私

国語辞書の編纂（「文化通信」、文化通信、二〇一〇年三月一日）
『日本国語大辞典　第二版』に寄せて（「国語展望」一〇七号、尚学図書、二〇〇〇年一一月）
国語辞典が大きく変わる！（「国語教室」七六号、大修館書店、二〇〇二年一一月）

《対談》国語辞典の新しい役割――山根基世×北原保雄（「国語教室」七八号、大修館書店、二〇〇三年一一月）
〝問題な日本語〟と『明鏡国語辞典』（「国語教室」八二号、大修館書店、二〇〇五年一一月）
《対談》国語辞典を作る楽しさ――梶原しげる×北原保雄（「国語教室」八四号、大修館書店、二〇〇六年一一月）
『明鏡国語辞典』第二版の刊行（「国語教室」九二号、大修館書店、二〇一〇年一一月）
紙の辞書の効用（「第四回学習辞典推薦キャンペーン」、辞典協会、二〇〇六年三月）

Ⅳ

敬語・言葉遣い

「敬語の指針」について（「学術月報」、(独)日本学術振興会、二〇〇七年八月）
タテとヨコの適正距離（「ミセス」、文化出版局、二〇〇七年七月号）
好印象を与える話し方（「婦人公論」、中央公論新社、二〇〇五年七月七日号）
言葉の勉強は生涯学習（「JPNマネジメント」、経営ソフトリサーチ、二〇〇六年一一・一二月号）
《対談》日本語の微妙なところを意識してほしい――河合隼雄×北原保雄（「文化庁月報」、文化庁、二〇〇六年四月号）

Ⅴ

問題な日本語

「問題な日本語」が氾濫するわけ（「文藝春秋」八三号、文藝春秋、二〇〇五年一二月）
日本語をめぐる状況（「ポコ21」No.47、パルシステム生活協同組合連合会、二〇〇六年五月号）
変な若者言葉をＴＶが増幅する（「東京新聞」二〇〇六年一二月八日）
《対談》新語も日本語――藤田志保×北原保雄（「理想の詩」夏号、理想科学工業株式会社、二〇〇九年六月）

著者紹介

北原保雄（きたはら・やすお）

1936年、新潟県生まれ。国語学者・日本語学者。筑波大学名誉教授・元学長。『明鏡国語辞典』『日本語逆引き辞典』（以上、大修館書店）、『日本国語大辞典第二版』『古語大辞典』『全訳古語例解辞典』（以上、小学館）など多くの国語・古語辞典の編纂に携わるほか、『達人の日本語』『日本語の常識アラカルト』（以上、文藝春秋）、『言葉美人の知的な敬語』（ベストセラーズ）、『言葉の化粧』（集英社）、『日本語どっち!?』（金の星社）、『延慶本　平家物語　本文篇・索引篇』『狂言六義全注』『狂言記の研究』（以上、勉誠社）など多くの著書がある。2004年の『問題な日本語』（大修館書店）は大ベストセラーになった。

北原保雄《きたはらやすお》トークアンソロジー

日本語《にほんご》とともに

2011年6月30日　初版発行

著　者　北原保雄

発行者　池嶋洋次

発行所　勉誠出版株式会社

〒101-0051　東京都千代田区神田神保町2-20-6
TEL：(03)5215-9021(代)　FAX：(03)5215-9025

〈出版詳細情報〉http://www.bensey.co.jp

編　集　岡田林太郎
営　業　清井悠祐

印　刷　太平印刷社
製　本　井上製本所

ISBN 978-4-585-28500-7　C1081